Für Kerstin

De kunst van duurzaam presteren

Bas.

Voor Sep en Tom

Bas Kodden

DE KUNST VAN
DUURZAAM
PRESTEREN

Model voor Werving & Selectie
en Professionele Ontwikkeling

Vakmedianet

Redactie: Rinus Vermeulen Tekst & Advies, Haarlem
Ontwerp cover en binnenwerk: Douwe Hoendervanger grafisch ontwerp [bno]
(douwehoendervanger.nl)
Druk en afwerking: Wilco, Amersfoort

© 2017 S.F.G.P. Kodden, Utrecht / Vakmedianet, Deventer
www.managementimpact.nl

ISBN 978 94 6276 190 2
NUR 801, 807

Gedeeltes uit deze uitgave mogen met bronvermelding worden vermenigvuldigd, opgeslagen in een geautomatiseerd gegevensbestand, of openbaar gemaakt worden, in iedere vorm of op iedere wijze, hetzij elektronisch, mechanisch, door fotokopieën, opnamen, of enige andere manier, zonder voorafgaande schriftelijke toestemming van de uitgever.

Ondanks serieuze inspanning konden niet alle rechtbebbenden van de gebruikte illustraties worden achterhaald. Belanghebbenden kunnen contact opnemen met de uitgever (Vakmedianet Management, Binnensingel 3, 7411 PL Deventer).

Inhoud

Voorwoord Henk Ouwens 9
Proloog: Billy Beane 13
    Zwermen scouts 13
    Kiss of death 14
    Logica, wetenschap en honkbal 16
    Een echte winnaar 17

Inleiding 21
    Tijd om de balans op te maken 22
    Wat is er nodig om te blijven presteren? 23
    De reis, niet het doel 24
    Rendementen uit het verleden 25
    Zesjescultuur 26
    Moneyball 28

1 Het belang van duurzaam presteren 31
    Intrinsieke motivatie 33
    Succesvolle selectie 34
    Prestatie-indicatoren en selectiecriteria 35
    Onderzoeksmodel en vragen 37
    Opbouw boek 40
    Tot slot 40

2 Talent 43
    Het begrip 'talent' 44
    Talent wordt overschat 44

Excellent presterende individuen 45

Winnaars-DNA of toewijding? 49

Goudmijnen 51

Deliberate practice 52

Uitkomsten van het onderzoek 53

3 Intelligentie, wilskracht en intrinsieke motivatie 57

Intelligentie en wilskracht 58

Discipline en regels 60

Egodepletie 61

Intrinsieke motivatie 62

Het motivatiecontinuüm 64

Motivatie 3.0 66

Uitkomsten van het onderzoek 67

4 Aanpassingsvermogen 71

Het belang van aanpassingsvermogen 72

VUCA 74

Ingrijpende veranderingen 75

Agile talent 76

Uitkomsten van het onderzoek 78

5 Zelfeffectiviteit 81

Het mijden van risico's 82

Domeinspecifieke kennis is macht 83

Wat is zelfeffectiviteit? 85

Doelbewuste oefening en zelfeffectiviteit 86

Toppresteerders zien minder en begrijpen meer 87

Toppresteerders kijken in de toekomst 90

Toppresteerders weten meer door juist minder te zien 90

Een krachtige combinatie 91

Uitkomsten van het onderzoek 93

6 Bevlogenheid 95
Succes door enthousiasme 96
De theorie van bevlogenheid 97
Opperste voldoening 98
HELD'EN 99
Persoonlijke energiebronnen 101
Uitkomsten van het onderzoek 104

7 Vitaliteit 107
Energie en motivatie 108
Het egelprincipe 109
De noodzaak van vitaliteit 110
Focus 112
Vitaliteit en zelfeffectiviteit 113
Uitkomsten van het onderzoek 115

8 Organisatiefit 119
Fit met functie en leidinggevende 121
Organisatiecultuur en -verandering 121
Succesvoorwaarden 123
Uitkomsten van het onderzoek 125

9 Prestatiecultuur – All Blacks 127
De organisatie als tribe 128
Whakapapa: het hogere doel 130
Ubuntu: verbondenheid met anderen en met de organisatie 132
Whanau: eigenaarschap 134
Mana: talent is goed, karakter is beter! 136

10 De kunst van duurzaam presteren: het Zeigarnik-effect 139
De briljante ober 139
Geheugenexperimenten 142

Een plan is cruciaal *143*
Onbewust bekwaam *147*
Loslaten en toch focussen *148*
Werving en selectie *150*

Conclusie en samenvatting *153*
Professionele ontwikkeling *155*
Organisatieontwikkeling *158*

Tools *163*
Checklist Werving & Selectie *164*
Vragenlijst Zelfeffectiviteit *165*
Vragenlijst Aanpassingsvermogen *166*
Vragenlijst Bevlogenheid *167*
De STAR- en STARR(A)-methode *169*

Bijlagen *173*
— Bijlage I – Verantwoording van het onderzoek *175*
— Bijlage II – Belangrijkste uitkomsten van het onderzoek naar prestatie-indicatoren *181*
— Bijlage III – Correlatiematrix *182*
— Bijlage IV – Correlatiematrix factoren *184*
— Bijlage V – Regressieanalyse *185*
— Bijlage VI – Uitkomsten onderzoek naar gebruik selectiecriteria *186*
— Bijlage VII – Uitkomsten onderzoek naar padanalyse en fit onderzoeksmodel (Structural Equation Modelling) *187*
— Bijlage VIII – Research Model Analysis - model-fitanalyse (AMOS) *189*
— Bijlage IX – Begrippen en definities *191*

Noten *195*
Inspiratiebronnen *199*
Dankwoord *207*
Over de auteur *209*

Voorwoord

Henk Ouwens, partner/directeur
van de Human Talent Group

Wat inspirerend om te zien hoe Bas precies dát in zijn onderzoek feilloos aantoont en onderbouwt, wat ik zelf in mijn ruim vijfentwintig jaar changemanagementervaring als intuïtieve kennis heb opgedaan, waar ik zelf op stuur en waar ik zelf dagelijks de keiharde, meetbare resultaten van zie.

'Theorie is niets anders dan geabstraheerde praktijk.' Daar heb ik vaak aan moeten denken tijdens het lezen van dit boek. Theorie kan dan als een bevrijding werken. Wat gaaf! Hoe weergaloos inspirerend en versterkend is dat voor dat wat je dagelijks doet. Theorie kan ook confronterend zijn. Zeker als je die scherp tegen het licht weet te houden, zoals Bas in dit boek doet, en waar het in het huidige talentmanagement in bedrijven vaak aan schort. Tegelijkertijd doet dit dan weer een appèl op juist die succesbepalende factoren die Bas benoemt: aanpassingsvermogen, zelfeffectiviteit, intrinsieke motivatie ...

Nog een toevoeging, ook slechts op basis van 'intuïtieve kennis en ervaring': succes werkt verslavend. Niets geeft meer energie dan wanneer je ontdekt dat jouw inzet ook tot hogere prestaties leidt, dat je succesvol bent, dat je goed bent in wat je doet. In het model van Bas over duurzaam presteren mogen wat mij betreft dus nog dikke pijlen terug naar alle factoren voorafgaand aan de prestaties. Ik ben ervan overtuigd dat presteren een extra boost geeft aan al deze factoren. Het is vast de reden dat Bas, na de nummer 1-positie van zijn eerste boek, niet kon wachten tot dit volgende boek.

Het is voor mij de reden om iedere keer weer nieuwe uitdagingen aan te gaan en daarbij continu te innoveren (aan te passen) in verandertrajecten en aanpakken. Zoals Bas in dit boek aangeeft: 'Eén keer winnen is niet genoeg', en: 'Onze Nederlandse zesjescultuur volstaat niet meer.' Dat vraagt om andere aanpakken, dat vraagt continue innovatie; dat vraagt focus op je talent en continu oefenen, trainen, verleggen van prestaties. Maar, zoals je in dit boek kunt lezen, is dat niet de enige verklarende variabele voor succes.

Succes, prestaties smaken naar meer. Je wilt verder, harder, sneller. Dat lukt alleen als niet je prestaties centraal staan, maar als je een dieperliggende motivatie hebt, als je een hoger doel hebt dat je inspireert. Dat doel functioneert als een onuitputtelijke energiebron die continu prikkelt tot het verleggen van je grenzen naar een ambitie die niet eindig is. Dat maakt het verhaal van All Blacks zo inspirerend: 'To leave the jersey in a better place.' En precies dat inspireert mij tot mijn werk voor mijn klanten. Die organisaties leveren immers vaak mooie en onmisbare bijdragen aan de maatschappij. 'To leave the world in a better place.' En hoe mooi is het, als je je daarmee verbonden voelt en je daar met hart en ziel (liefst tastbaar, meetbaar) een bijdrage aan kan leveren?

Tot slot nog even terug naar een woord dat bij mij echt is blijven hangen 'mana'. Zoals All Blacks uidraagt: 'Talent is goed, karakter is beter.' Dat is waar succes om draait. Een zekere mate van talent is nodig, maar karakter is doorslaggevend. Dat geldt op persoonlijk niveau voor elk individu, maar ook op organisatieniveau voor de 'persoonlijkheidsstructuur' van de gehele organisatie. Als je dit boek vanuit beide perspectieven leest, als individu en als persoonlijkheid binnen een organisatie, dan geeft het veel inzichten; voor jezelf, voor het talentmanagement in je organisatie, maar vooral ook voor het in beweging krijgen, succesvol zijn en succesvol blijven van je organisatie.

Bas, ik denk dat dit een nieuwe mijlpaal in je carrière is. Het is opnieuw een topprestatie! Ik heb ervan genoten en ik hoop en verwacht dat iedere lezer dat ook zal doen. Kortom, inspirerend. Dank! Ik wens alle lezers een inspirerende leestrip.

Proloog: Billy Beane

Als jonge man kon de Amerikaan Billy Beane iedereen in elke sport verslaan, zo leek het. Hij was van nature zoveel beter dan iedereen tegen wie hij het opnam dat het weleens leek alsof hij een andere, minder lastige tak van sport beoefende dan zijn tegenstanders. In zijn tweede jaar op high school was Billy Beane zowel quarterback van het footballteam als topscorer van de basketbalploeg. Het was alsof hij talenten in zichzelf aantrof voordat zijn lichaam in staat was er iets mee te doen: hij kon bijvoorbeeld al een basketbal dunken voordat zijn handen groot genoeg waren om de bal met één hand mee te nemen.[1] Billy was een typisch voorbeeld van een Amerikaanse puber met vele talenten. Waaronder één heel grote: het spelen van honkbal!

Zwermen scouts

Honkbal is, op American football na, de grootste sport van de Verenigde Staten. Het is groter dan basketbal, ijshockey en tennis, en vele malen groter zelfs dan soccer, ons eigen voetbal. Billy Beane was dan ook gezegend met een uitstekend vooruitzicht op zijn leven. Zijn talenten, en nog wel binnen deze grote sportdiscipline leken een garantie voor succes.

Niet alleen bezat Billy vele talenten, ook zijn lichaamsbouw zat mee. Op zijn veertiende stak hij al 15 centimeter boven zijn vader uit. Billy deed dan ook niet onder voor veel oudere spelers. In zijn eerste jaar op high school liet zijn coach hem onder protesten van zijn veel oudere teamgenoten zelfs pitchen in de laatste wedstrijd van het seizoen. Billy kreeg nul punten tegen, stuurde tien man met drie slag naar de kant en sloeg zelf twee honkbalslagen in vier slagbeurten. In zijn tweede jaar haalde hij in een van de zwaarste highschooldivisies van het land al een onwaarschijnlijk hoog slaggemiddelde. Toen hij aan zijn derde jaar begon, was Billy 1 meter 95 en woog hij inmiddels 82 kilo, schoon aan de haak. Bij al zijn wedstrijden verschenen ondertussen scouts van de majorleagueteams. In zijn eerste officiële wedstrijd als prof liet hij als pitcher slechts twee honkbalslagen toe, stal hij als slagman vier honken en sloeg hij drie honkbalslagen. Decennia later waren deze honkbalslagen in zijn leeftijdscategorie nog altijd een Californisch record.[2]

Kiss of death

Het was dan ook niet moeilijk voor Billy om op te vallen. Billy was in de ogen van alle scouts een echte winnaar. Een groot talent, met de juiste lichaamsbouw en dito uitstraling. Allen zagen wat ze zo graag wilden zien: 'a child prodigy, ein Wunderkind'. Onze allergrootste talenten worden soms omschreven als wonderkinderen. Kinderen met een ogenschijnlijk bovennatuurlijke aanleg voor hetgeen ze uitvoeren.

Denk bijvoorbeeld ook aan Wolfgang Mozart, Tiger Woods of onze eigen Max Verstappen. Kinderen die enorme talenten met zich mee lijken te dragen. Maar in het geval van Billy Beane speelde er iets anders. De jonge Billy Beane mocht dan wel over een grote natuurlijke aanleg voor honkbal beschikken, veel plezier leek hij er niet uit te halen. Billy sloeg trainingen over, kwam te laat, of draaide oefeningen op halve kracht. Billy liep er steeds meer de kantjes van af.

De scouts van de professionele honkbalteams bleven echter zien wat ze wilden zien: een wonderkind dat voorbestemd was om de allergrootste te worden in een sport waarvan de financiële grenzen in de Verenigde Staten inmiddels tot aan de hemel waren gestegen. Astronomische bedragen werden neergelegd voor spelers voor wie iedereen naar het stadion wilde komen. Billy was voorbestemd voor roem en succes en iedereen wilde daar een graantje van meepikken. Verblind door bias en financieel gewin misten de scouts dan ook de cruciale aanwijzingen dat Billy geen topper zou worden. Billy Beane had zijn *kiss of death* al tijden eerder ontvangen. En vond dat geheel prima. 'Ik heb nooit naar Billy's cijfers gekeken, gaf een van de scouts jaren later toe. Dat hoefde ook niet. Hij had alles in huis.'

'Billy was een talent met een masker', aldus Roger Jongewaard, de hoofdscout van de Mets. 'Je hebt goede jongens en je hebt topjongens. Billy was de absolute top. Hij had de bouw, de snelheid, de arm, hij had alles. Hij was een echte atleet. Daar kwam nog bij dat hij op school goede cijfers haalde en met de mooiste meisjes uitging. Hij was charmant. Hij kon worden wat hij wilde.'[3]

En daar ging het fout voor Jongewaard en zijn collega's. Billy hoefde niet zo nodig te honkballen, hij wilde studeren. Billy wilde naar Stanford University. Een universitaire opleiding was zijn belangrijkste doel.

Logica, wetenschap en honkbal

Tien jaar na zijn, voor velen totaal onverwachte, beslissing om te stoppen als professioneel honkballer (1989) keerde Billy toch weer terug in de honkbalsport. Eerst als scout en later als general manager van zijn voormalige team The Oakland A's. Waar Billy zich vroeger had voorgenomen om nooit meer iets voor het geld te doen, bevond hij zich opnieuw in een omgeving waar alles slechts draaide om geld: waar je het kon vinden, waar je het kon uitgeven, maar bovenal, aan wie je het kon uitgeven! Alles draaide – en draait – binnen de Amerikaanse major league om het aantrekken en selecteren van de juiste talenten.

De talentenscouts van The Oakland A's, met wie Billy moest gaan samenwerken, bleken de plaatsvervangers van de oudere mannen die de zestienjarige Billy Beane voor een toekomstige sterhonkballer hadden aangezien. En ook deze bepaalden wie zou worden aangetrokken en mocht komen honkballen. Billy besloot als general manager afscheid te nemen van hun 'professionele' inzichten. Alle scouts liepen tot dan toe weg met highschoolspelers en al helemaal met highschoolpitchers. Highschoolpitchers hadden immers nog splinternieuwe armen en zij konden de enige prestatie tonen die de scouts konden meten en konden kwantificeren: de snelheid van een geworpen bal. Maar de belangrijkste eigenschap waarover een pitcher moet beschikken is niet brute kracht, zo wist Billy, maar zijn vermogen om tegenstanders uit te gooien. En dat kan op verschillende manieren.

Billy Beane wist dat je maar naar de statistieken hoefde te kijken om te zien dat de kans die highschoolpitchers hebben om de major league te halen twee keer zo klein is als die van pitchers die naar de universiteit zijn geweest. En zelfs vier keer zo klein als die van positiespelers die naar de universiteit zijn geweest. Maar wat gebeurde er als je de scouts hun zin gaf? Dan werden er in de eerste ronde slechts highschoolpitchers geselecteerd en moest je miljoenen betalen om ze een contract te laten tekenen! Het spotte met de wetten van de kansberekening en het spotte met de wetten van de logica. En logica, of misschien zelfs wetenschap, was het aspect dat Billy Beane zo graag aan honkbal wilde toevoegen. Scouts, in de regel oud-spelers, hadden de neiging om zich overdadig te laten beïnvloeden door wat een speler recent gepresteerd had en zagen slechts wat ze wilden zien. Maar prestaties uit het verleden zijn geen garantie voor de toekomst en niets is zoals het lijkt. Billy Beane wist dat uit eigen ervaring: hij had zelf altijd bovenaan al die lijstjes gestaan.

Billy was gaan zien dat het scouten en selecteren van honkballers zich eind jaren negentig ongeveer in dezelfde ontwikkelingsfase bevonden als de medische wetenschappen in de achttiende eeuw. Billy en zijn latere rechterhand, Harvard-statisticus Paul DePodesta, raakten gefascineerd door die irrationaliteit, want wie die irrationaliteit wist uit te bannen creëerde mogelijkheden voor zichzelf, zo beredeneerden zij.

Een echte winnaar

Billy Beane was en dacht anders. Winnen dat was het enige wat telde. Billy selecteerde als eerste de onbekende David Beck, die hij op basis van aangeleverde gegevens van zijn eigen wetenschapper en statisticus Paul DePodesta ongezien een contract aanbood. Toen deze zijn warming-up deed had niemand ooit zo'n bizar schouwspel gezien. Als David Beck zijn linkerarm naar achteren bracht om te gooien, flapte en tolde zijn linkerhand heen en weer. Het was alsof hij geen pols had. Het leek wel alsof die hand op elk moment kon loskomen en kon wegvliegen. David Beck leed aan hypermobiliteit en bleek haast gehandicapt.

Op dat moment hield Beck voor de scouts op te bestaan als David Beck. Ze noemden hem voortaan 'Het Wezen'. Maar vervolgens was Het Wezen de volledige rookiecompetitie de baas. Met zijn Halloween-hand en zijn fastball van net 135 kilometer per uur overweldigde hij zijn tegenstanders zo, dat ze niet eens begrepen wat hen overkwam.

Er zouden nog vele onbekende spelers uit Pauls computer volgen die een contract mochten ontvangen. Het aannemen van nieuwe professionals werd de scouts ontnomen en in handen gelegd van mensen die iets bezaten waar Billy het grootste belang aan hechtte: een academische graad in iets anders dan honkbal. Zij bezaten een ander perspectief om naar honkbal te kunnen kijken. Een perspectief dat niet uitging van zomaar een gevoel of een verwachting, maar van een gerichte zoektocht naar specifieke eigenschappen om duurzame prestaties mee te kunnen voorspellen.

Het verhaal over Billy Beane en de film *Moneyball*, waarin Brad Pitt de algemeen directeur van het arme, maar succesvolle honkbalteam The Oakland A's speelt, waren een inspiratiebron van jewelste voor het schrijven van dit boek en het doen van een onderzoek naar prestatie-indicatoren en persoonskenmerken voor duurzaam presteren. Een zoektocht naar specifieke eigenschappen om onze eigen duurzame prestaties te kunnen duiden.

Proloog: Billy Beane

Billy Beane wilde met zijn honkbalteam de Major League winnen. Waar anderen streden om spelers met een hoog slaggemiddelde of het aantal binnengeslagen punten, groef hij dieper in de statistieken en combineerde bijzondere spelers tot een winnend team.

'Ik was geobsedeerd door dit verhaal. Het gaat volgens mij niet alleen over sport, maar over algemene waarden als succes en falen. Het is een verhaal over kerels die ondanks allerlei tegenwerking zichzelf opnieuw weten uit te vinden.'

Brad Pitt, Amerikaans acteur (1963)

Inleiding

Rendementen uit het verleden zijn geen garantie voor de toekomst. Het boek en de film *Moneyball* trokken in de Verenigde Staten enorm veel aandacht. Het idee van alternatieve aannameprocedures en op statistiek gebaseerde werving- en selectiemethoden sloeg in als een bom. Wat is er nodig om te blijven presteren? Hoe kun je er voor zorgen dat je als individu, als team als organisatie jezelf opnieuw kunt uitvinden om opnieuw succesvol te kunnen zijn?

Vijftien jaar ondernemerschap: het zat er voor mezelf op in 2013. Ruim dertigduizend uur van aanpakken; van vallen en opstaan. En ook van vijftien jaar studie en onderzoek, die uiteindelijk resulteerden in een wetenschappelijke promotie. Wat ooit begonnen was met het doel om mijn eigen onderneming te verbeteren – er is immers niets zo praktisch als een goede theorie[4] – eindigde jaren later in een dienstbetrekking bij Nyenrode Business Universiteit, waar ik ambitieuze professionals onderwijs op het gebied van leiderschap, ondernemerschap en persoonlijke ontwikkeling.

Tijd om de balans op te maken

Wat had ik van al die jaren praktijk en studie nu écht geleerd en welke theorie had ik zelf als écht belangrijk ervaren? Deze vraag, die ik mezelf in 2013 tijdens een pauze van een college aan MBA-studenten plotseling stelde, trof me als een keeper die totaal onverwacht een tegendoelpunt te verwerken krijgt. Wat was nu de essentie? Waarom waren in mijn ondernemerschap sommige dingen goed gegaan en andere zaken juist fout gelopen? Waarvan had ik zelf plezier gehad? En strookte de praktijk überhaupt wel met al die theorieën die ik in al die jaren was tegengekomen?

Ik had mijn studenten zojuist de tienduizendurentheorie uiteengezet. De Amerikaanse bestsellerauteur Malcolm Gladwell onderschrijft in zijn boek *Outliers* de stelling van de Zweedse psycholoog Ericsson[5] dat je pas tot persoonlijke succesinzichten kunt komen, nadat je minstens tienduizend uur aan oefening hebt verricht. Deze uren zaten er in mijn geval in 2013 – zowel aan praktijkervaringen als aan opgedane theorie – dus al drie keer op. Het was de hoogste tijd om de balans op te maken.

Het boek van Gladwell en de tienduizendurentheorie van Ericsson vormden de aanleiding om met veel plezier en energie het boek *Word een een HELD* te schrijven. Ik probeerde daarin voor mijzelf antwoord te vinden op vragen als: welke managementtheorieën zijn in de praktijk nu echt waardevol gebleken? Welke organisatie- en managementaspecten leiden daadwerkelijk tot meer plezier in je werk? *Word een HELD* werd een hit, voornamelijk omdat het zoveel professionals in Nederland aan werkplezier bleek te ontbreken. Velen misten (en missen) die bevlogenheid in hun werk en in hun leven en zochten net als ik handvatten om dat te bereiken.

Wat is er nodig om te blijven presteren?

Als onderzoeker, ondernemer, maar vooral ook als vader van twee jonge kinderen was er nog een vraag die maar door mijn hoofd bleef spoken: wat is er nodig om te blijven presteren? Eén keer winnen is immers niet goed genoeg.

Als ondernemer had ik honderden medewerkers in loondienst gehad, waarschijnlijk meer dan duizend sollicitatiegesprekken gevoerd of laten voeren, vele honderden talenten getest en toch heb ik er vaak het gevoel aan overgehouden dat ik misschien wel de verkeerde persoon had aangenomen. En mogelijk nog erger: hoeveel talenten heb ik dan wel niet laten lopen die het vermogen en de persoonskenmerken hadden om uit te kunnen groeien tot toppers die uiterst waardevol hadden kunnen zijn voor mijn teams en organisatie. Was ik verblind, te veel op mezelf gefocust of destijds te veel afgegaan op uiterlijk vertoon? Hoe kwam het dat ik als ondernemer of als persoon toch niet die kwaliteiten bezat om werkelijk te doorgronden wie nu echt een talent was en wie niet?

Wat is er nodig om te presteren en om te kunnen blijven presteren? Een onrust van onbeantwoorde vragen bleef zich meester van me maken. Hoe je bevlogen kunt worden en kunt blijven, ja, daar was ik achter gekomen. Met het beschikbaar krijgen van de juiste energiebronnen, een houding van veel energie, leiding nemen over je eigen leven en vooral ook *doen*, daar komen resultaten uit voort. Maar hoe zorg je ervoor dat je weer opnieuw kunt winnen? En alle keren daarna ook weer? Wat heb je daarvoor nodig? En hoe herken je de kandidaten die dat weten en kunnen?

De vraag die ik mezelf eind 2013, na het lezen van het boek *Moneyball* en het zien van de film, stelde was als volgt: welke persoonskenmerken en prestatiecriteria zijn voor onszelf cruciaal voor duurzaam presteren? En wat zou ik mijn twee jonge kinderen aan goede raad kunnen meegeven? Met de uitkomsten kon ik tegelijkertijd de voor veel ondernemingen meest cruciale vraag beantwoorden: hoe en waarop selecteer je de allerbeste mensen voor je team en organisatie? Om weer opnieuw te kunnen winnen.

De reis, niet het doel

Ik ging op zoek naar antwoorden, verslond vele tientallen managementboeken en wetenschappelijke artikelen, sprak met vele experts uit de wetenschap, uit de topsport en het bedrijfsleven en creëerde een model waarvan ik dacht dat het de uitkomsten naar het belang van persoonskenmerken zou kunnen verklaren. Een model ook dat zou kunnen verklaren waarom ik zelf in mijn leven niet altijd optimaal had gepresteerd.

Jij hebt het zelf vast ook meegemaakt. Na jaren van leren, studeren en voorbereiden begon je aan je eerste werkervaring. Onwetend, onbewust en mogelijk nog onbekwaam, maar met een onmetelijke energie die je nu eindelijk mocht gaan inzetten. Je kreeg je eerste complimenten, maakte je eerste promoties en je begon te vliegen. Geweldig, dit kon ik dus eigenlijk altijd al, zei je tegen jezelf. Niemand zag het, eindelijk is het zover: mijn talent wordt opgemerkt. Ik ben er. Het was alleen een kwestie van ontdekken. Toch?

Maar de grootste kater krijg je meestal juist na het behalen van een diploma of het winnen van een prijs. Want ... wat dan? Het gaat namelijk niet om die prijs of dat diploma, realiseerde ik me later; de weg er naartoe, daarvan had ik genoten. De flow, de bevlogenheid om opnieuw in actie te komen en weer een nieuw doel na te streven. Een bevlogen leven draait niet om een einddoel; de reis, daar gaat het om. Welke persoonskenmerken kun je daarbij het best gebruiken? Precies, daar draait dit boek om!

Rendementen uit het verleden

Net als Billy Beane worden we allemaal op gezette tijden, maar vaak totaal onverwacht, geconfronteerd met de *kiss of death*. De eerste successen zijn daar, worden flink gevierd, maar dan komen de eerste scheurtjes en merk je dat er nog zo veel anderen goed in jouw vak zijn. Mogelijk zelfs veel beter. Het eerste gewin betekende geenszins de winst van morgen. Veel afdelingshoofden, managers, directieleden, bestuurders en ondernemers hebben dit fenomeen ook vanuit een leidinggevend perspectief meegemaakt: het ene team bleek wel succesvol, terwijl het andere team achterbleef. En het eens zo succesvolle team en de eens zo succesvolle organisatie bleken jaren later ineens zeer teleurstellende resultaten te laten zien. Slechte resultaten die niet terug te voeren bleken op economische omstandigheden, gewijzigde concurrentieverhoudingen en wat al niet meer. Het 'klopte' gewoon niet meer.

'Talent is tijdsgebonden', aldus mijn collega professor Lidewey van der Sluis. 'Het is vergankelijk. Vandaag kun je als groot talent beschouwd worden, mensen lopen met je weg en willen met je netwerken, maar dat kan morgen ineens afgelopen zijn. Je kunt van je voetstuk vallen. Neem topsporters. Hoe meer wedstrijden en prijzen ze winnen, hoe hoger hun aanzien, maar ook hoe hoger de lat voor de verwachtingen komt te liggen. Leren winnen is makkelijker dan blijven winnen. Succes komt nooit vanzelf en kwaliteit is nooit toevallig.'[6]

'Rendementen uit het verleden bieden geen garantie voor de toekomst', zo geven de vele diverse radio- en tv-commercials uit de financiële sector aan. En helaas klopt deze bewering ook voor ons eigen leven en onze eigen carrière. Maar welke persoonskenmerken en welke medewerkers heb je dan nodig om steeds weer opnieuw succesvol te kunnen zijn? Zodra ik daar met specialisten uit de wetenschap of uit de topsport over sprak, kwamen vaak antwoorden als: 'Dat is doorzettingsvermogen', of: 'Bevlogenheid is allesbepalend.'

Vanzelfsprekend, die opmerkingen leken te kloppen, maar er moet meer zijn, bedacht ik me. En er is meer, zo vond Billy Beane, de legendarische honkbalcoach uit Oakland. Veel meer. De film *Moneyball* over zijn karakter en zijn drive om de belangrijkste prestatiekenmerken uit de honkbalsport te willen ontdekken, inspireerden mij om een vergelijkbaar onderzoek te starten. Maar nu naar hedendaagse persoonskenmerken en prestatie-indicatoren van Nederlandse professionals.

Zesjescultuur

Of we nu willen of niet, onze Nederlandse zesjescultuur voldoet niet meer. Een Harvard-diploma is inmiddels voor velen bereikbaar. Studeerden er in 2008 nog 179.800 Chinezen in het buitenland, in 2015 waren dat er al 523.700, een stijging van maar liefst 13,9% ten opzichte van het jaar ervoor. Van dat aantal gaat 27% naar de Verenigde Staten en 20% naar het Verenigd Koninkrijk, dat blijkt uit cijfers van het Institute for International Education. Vooral prestigieuze universiteiten zoals Harvard, Columbia en New York University zijn populair. Van de 9396 buitenlandse studenten die in 2016 aan Harvard studeerden kwamen er 938 uit China. Een jaartje studeren kost daar meer dan 50.000 dollar, maar dat hebben veel Chinezen uit de hogere middenklasse er graag voor over. En de Amerikaanse universiteiten zien ze graag komen. In 2014 kwam er dankzij de Chinese studenten 10 miljard dollar extra in het laatje, onder meer aan lesgeld. Want dat lesgeld is niet eens het grootste obstakel voor Chinese studenten. Ze geven ook nog eens tienduizenden dollars uit aan begeleiding om zich voor te bereiden op hun aanstaande carrières.[7]

De arbeidsmarkt is volledig veranderd met een generatie vol jonge ambitieuze en uitstekend opgeleide professionals vanuit de hele wereld die hun plek op het speelbord van de wereld willen veroveren. En dat doen ze ook, nu nog vaak ten koste van onze eigen jonge professionals die goed vaak al goed genoeg vinden.

Ouders hebben naar mijn mening tegenwoordig dan ook niet alleen de taak om hun kinderen vol liefde en aandacht op te voeden en ze gelukkig te laten opgroeien in een veilige, knusse omgeving, maar ook om ze weerbaar te maken. Om ze voor te bereiden op een nieuwe arbeidsmarkt waarin ze te maken krijgen met nieuwe vormen van (moeten) presteren. Liefde en aandacht komen vanzelfsprekend op één, maar een goede voorbereiding op wat de toekomst van ze zal verlangen, toch zeker op twee. Maar, hoe doe je dat? En nog belangrijker: wat heb je daarvoor nodig?

Moneyball

Het verhaal over Billy Beane, het jezelf opnieuw uitvinden, de verfilming van *Moneyball* met Brad Pitt en een ontmoeting met een van Billy Beane's beste vrienden, waren de aanleiding voor mijn eigen onderzoek. Mijn eigen *Moneyball*: waarom en waarop worden hier in Nederland sommige talenten aangenomen en anderen juist afgewezen? Over welke persoonskenmerken beschikken professionals in Nederland die duurzaam weten te presteren? Hebben wij mogelijk allemaal dezelfde blinde vlek voor het vinden van de juiste medewerker?

Het resultaat van ruim drie jaar studie ligt voor je. Anderhalf jaar aan voorbereiding en twee jaar aan uitvoerend onderzoek onder leidinggevenden en senior medewerkers van ruim 1100 professionals en vele tientallen interviews met experts uit zowel de wetenschap, het bedrijfsleven als de topsport gaven nieuwe inzichten die kunnen helpen met het opnieuw uitvinden van jezelf als professional en het kunnen bouwen van duurzaam presterende organisaties.

Ik wens je veel leesplezier!

Bas Kodden
Utrecht, april 2017

'No matter how much success we attain, it's only valuable if we can do it again.'

Simon Sinek, Brits-Amerikaans auteur en consultant (1973)

1 Het belang van duurzaam presteren

In onze wereld lijkt hetzelfde aan de hand als bij de scouts van Billy Beane: sollicitanten worden veelal geselecteerd op basis van ingeschat talent, prestaties uit het verleden en eigenschappen die hun (nieuwe) leidinggevenden – vaak onbewust – van sollicitanten in zichzelf menen terug te zien, zo blijkt uit divers onderzoek.[8] Het resultaat is verontrustend. Nog steeds blijkt circa 88% van alle Nederlandse professionals niet volledig bevlogen te zijn. En nog erger, de bevlogenheidscijfers zijn zelfs dalende. Nog geen 77% van alle Nederlandse medewerkers geeft daarbij aan gelukkig in zijn of haar werk te zijn, 5% van de Nederlandse beroepsbevolking heeft momenteel een burn-out en nog eens 13% hikt daar tegenaan. Inmiddels zijn meer ziekmeldingen psychisch gerelateerd dan lichamelijk.

Honderd jaar na Frederick Taylor zijn we elkaars intrinsieke motivatie nog altijd aan het afstompen. Uit een enorm onderzoek van het bureau Gallup onder 230.000 werknemers in 142 landen bleek een paar jaar geleden dat nog slechts 13% zich geëngageerd voelt op zijn werk. Nederland scoorde nog slechter dan gemiddeld: hier is slechts 9% echt enthousiast over zijn baan.[9] In de woorden van de psycholoog Barry Schwartz: '90% van alle volwassenen besteedt de helft van hun wakkere leven aan dingen die ze liever niet doen en op plaatsen waar ze liever niet zijn.'[10]

Volgens het Chartered Institute of Personel and Development (CIPO) zijn de kosten van een mismatch tussen vacature en sollicitant gelijk aan tweeëneenhalf keer het jaarsalaris van die persoon. Harvard Business School komt in een onderzoek zelfs uit op een bedrag dat tussen de drie en vijf keer het jaarsalaris ligt, of zelfs tien keer als de persoon in kwestie een zware specialistische of generalistische functie vervult aan de top van de organisatie. Alleen al vanuit kostenoverwegingen is het dus relevant om zo weinig mogelijk missers te maken bij de werving en selectie van nieuw talent. Over alle mogelijke sociale en menselijke gevolgen nog maar niet te spreken. Waarbij tevens in ogenschouw dient te worden genomen hoeveel sollicitanten een geschikte baan en mooie kansen mogelijk zijn misgelopen, omdat de verkeerde sollicitant werd aangenomen.

_____

'Keep your eyes on the stars

Theodore Roosevelt, president van de VS (1858-1919)

Intrinsieke motivatie

'Als je zulke cijfers tot je door laat dringen, dan besef je ineens hoeveel ambitie en energie we nu laten liggen', aldus Rutger Bregman in *De Correspondent*. Stel je voor dat we op grote schaal inzetten op elkaars intrinsieke motivatie. Het zou een immense revolutie betekenen. CEO's zouden werken omdat ze geloven in hun bedrijf, wetenschappers zouden overuren draaien omdat ze gewoon nieuwsgierig zijn en docenten zouden lesgeven omdat ze zich verantwoordelijk voelen voor hun studenten. Psychologen zouden net zo lang behandelen als nodig is voor hun cliënt en bankiers zouden juist voldoening halen uit hun rol als dienstverlener. Vakmanschap en competentie zouden centraal staan, niet rendement en productiviteit. Daarvoor lijkt wel een andere kijk op talent- en prestatiemanagement tot stand te moeten komen.[11] Eén die veronderstelt: 'Talent is goed, karakter is beter.'

Nederlandse CEO's en personeelsselecteurs hebben vooral oog voor talent, ervaring en specifieke kennis en vaardigheden, zo concludeerden eerder ook al onderzoekers van de UvA in een grootschalig onderzoek met Randstad.[12] Hoewel die aanpak nuttig lijkt voor duidelijk omschre-

and your feet on the ground.'

ven functies, is het goed te beseffen dat ook functies en functie-eisen door de tijd heen veranderen. Kennis veroudert snel – en steeds sneller – en juist nieuwe kennis en vaardigheden blijken cruciaal in de huidige, snel veranderende markt. Leidinggevenden en hr-specialisten zouden dan ook veel meer naar het karakter van kandidaten moeten kijken; hun mentale capaciteiten, hun specifieke persoonskenmerken en hun duurzame inzetbaarheid,[13] zo lijkt het.

Succesvolle selectie

Uit omvangrijk onderzoek van onder andere Schmidt en Hunter[14] kunnen we concluderen dat de ene selectiemethode ook meer informatie over de kandidaat oplevert dan de andere. Omdat de resultaten van Schmidt en Hunter gebaseerd zijn op grote en internationale steekproeven, vormt hun artikel nog steeds de basis van vele onderzoeken naar werving- en selectiemethoden. Onderzoekers van de UvA vonden in 2008 vergelijkbare uitkomsten. De methoden die het best inzicht geven in de capaciteiten van een sollicitant zijn de aantoonbare taakprestaties van de kandidaat (daarvoor dient een medewerker dus al enige tijd de gelegenheid hebben gehad om binnen de organisatie te kunnen presteren), een capaciteitentest die de mentale vermogens test en het gestructureerde selectie-interview. Iemands referenties voorspellen nauwelijks hoe hij zal functioneren.[15]

'Get the right people on the bus.'

Jim Collins (1958)

'Get the right people on the bus', zo gaf managementgoeroe Jim Collins de lezers in zijn boek *Good to Great* als belangrijke tip mee. Een van de deelnemers van het Sports Leadership Program waarin ik zelf doceer, Max Caldas, de bondscoach van het Nederlands herenhockey-elftal verwoordde het als volgt: 'Je bent het gemiddelde van de mensen om je heen.' Maar welke persoonskenmerken zijn dan van doorslaggevend belang voor duurzaam presterende professionals, en hoe ze te selecteren?

Prestatie-indicatoren en selectiecriteria

Mijn *Moneyball* was ontstaan. Ik startte een onderzoek naar prestatie-indicatoren en persoonskenmerken onder ruim 1100 professionals. Een onderzoek van driemaal de benodigde steekproefgrootte.[16] Ruim twintig prestatie-indicatoren bracht ik binnen een onderzoeksmodel, gebaseerd op vijf algemene concepten, die ik na gesprekken met experts uit de wetenschap en topsport, het bestuderen van wetenschappelijke artikelen en het lezen van vele managementboeken in kaart had gebracht. Deze vijf algemene concepten betroffen het belang van:
1. de mate van aanwezigheid van talent;
2. de mate van aanwezigheid van bepaalde persoonskenmerken;
3. de mate van fit met de organisatie;
4. de mate van bevlogenheid;
5. de mate van fit met gestelde (fysieke en mentale) taakeisen.

Deze concepten en hun individuele elementen werden gerelateerd aan het vermogen van professionals om duurzame prestaties te leveren, zowel individueel als in teamverband. Het leveren van duurzame prestaties wordt in dit onderzoek gedefinieerd als: *het in staat blijken om steeds opnieuw persoonlijke en teamdoelstellingen te behalen.* De bovengenoemde concepten vind je hieronder gevisualiseerd in het gebruikte onderzoeksmodel:

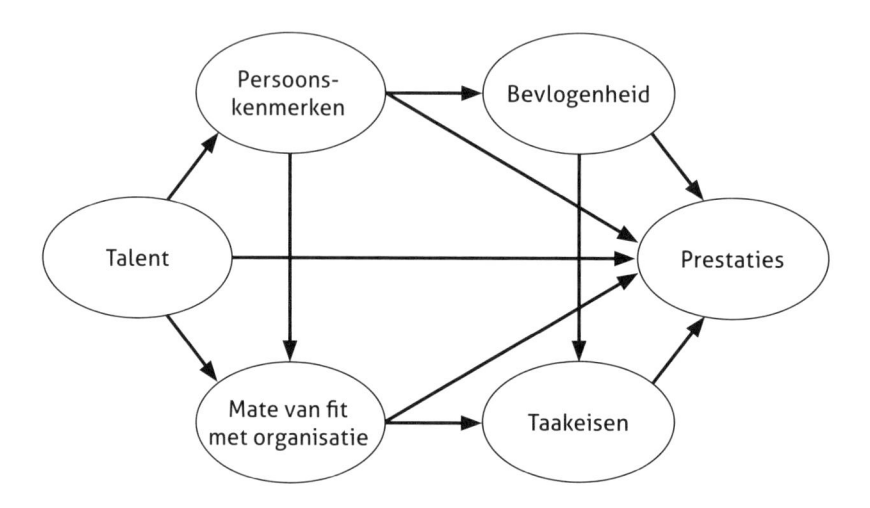

FIGUUR 1. **HET ONDERZOEKSMODEL**

Met dit onderzoeksmodel besloot ik leidinggevenden en senior medewerkers van ruim 1100 professionals te vragen naar de mate waarin zij een willekeurig gekozen medewerker of collega zouden waarderen (met antwoorden als: helemaal eens, eens, neutraal, oneens en helemaal oneens) op vragen als:
- Vergeleken met zijn/haar collega's heeft deze medewerker gemiddeld genomen veel minder / minder / neutraal / meer / veel meer natuurlijke begaafdheid en aangeboren aanleg om in zijn of haar vak uit te blinken.
- Vergeleken met zijn/haar collega's heeft deze medewerker gemid-

deld genomen veel minder / minder / neutraal / meer / veel meer wilskracht om uit te blinken.
- Deze medewerker is bovengemiddeld intrinsiek gemotiveerd om uit te blinken.
- Deze medewerker heeft een bovengemiddeld zelfvertrouwen in lastige situaties.

Onderzoeksmodel en vragen

Het model resulteerde in de volgende zes onderzoeksvragen:
1. In welke mate is talent belangrijk voor het duurzaam presteren van professionals?
2. In welke mate zijn bepaalde persoonskenmerken van belang voor het duurzaam presteren van professionals?
3. In welke mate is de bevlogenheid van professionals belangrijk voor het duurzaam presteren van professionals?
4. In welke mate is de fit met fysieke en mentale taakeisen van invloed op het duurzaam presteren van professionals?
5. In welke mate is een goede organisatiefit belangrijk voor het duurzaam presteren van professionals? En ten slotte:
6. In welke mate kent het gebruikte onderzoeksmodel een goede statistische fit en kan het als raamwerk voor talentontwikkeling en werving en selectie dienen?

In totaal werden op deze wijze ruim 1100 professionals beoordeeld op de mate waarin zij beschikten over talent voor hun vak, de mate waarin zij voldeden aan twaalf persoonskenmerken, aan drie elementen van bevlogenheid, aan drie aspecten van organisatiefit, de mate waarin zij waren opgewassen tegen zowel mentale als fysieke aspecten van hun uit te oefenen functie, en de mate waarin zij in de afgelopen jaren in staat waren geweest om zowel individueel als in teamverband duurzaam te presteren.

De gebruikte prestatie-indicatoren betroffen de mate van:
1. talent;
2. wilskracht (persoonskenmerken);
3. zelfbeheersing (persoonskenmerken);
4. intrinsieke motivatie (persoonskenmerken);
5. extrinsieke motivatie (persoonskenmerken);
6. optimisme (persoonskenmerken);
7. eigenwaarde (persoonskenmerken);
8. stressbestendigheid (persoonskenmerken);
9. zelfeffectiviteit (persoonskenmerken);
10. aanpassingsvermogen (persoonskenmerken);
11. zelfvertrouwen (persoonskenmerken);
12. intelligentie (persoonskenmerken);
13. ambitie (persoonskenmerken);
14. vitaliteit (bevlogenheid);
15. absorptievermogen (bevlogenheid);
16. toewijding (bevlogenheid);
17. fit met de functie (fit met de organisatie);
18. fit met de organisatiecultuur (fit met de organisatie);
19. fit met stijl leidinggevende (fit met de organisatie);
20. fit met fysieke taakeisen (taakeisen);
21. fit met mentale taakeisen (taakeisen).

Een vraag die ik deelnemers aan mijn colleges en lezingen steevast stel is de volgende: welke persoonskenmerken denk jij dat de belangrijkste zijn voor duurzaam presteren? Ik stelde dezelfde vraag aan ruim vijftig Nederlandse CEO's: op welke van deze persoonskenmerken zou u nieuwe medewerkers aannemen? Zouden onze leiders bewust of mogelijk onbewust dezelfde aannamecriteria hanteren als de uit dit onderzoek cruciaal gebleken persoonskenmerken? Het zou de perfecte match inhouden en het zou de juiste sollicitanten, de juiste kansen bieden.

De opbrengsten van dit boek

+ Een uiteenzetting van de meest relevante wetenschappelijke inzichten ten aanzien van talent en andere persoonskenmerken voor werving en selectie en duurzaam presteren.
+ De uitkomsten van een grootschalig onderzoek naar talent en andere persoonskenmerken onder leidinggevenden en senior medewerkers van ruim 1100 professionals.
+ De uitkomsten van een praktijkonderzoek naar gehanteerde selectiecriteria onder ruim 50 CEO's en algemeen directeuren. Matchen hun visies met de uitkomsten uit het eerder wetenschappelijk onderzoek?
+ Nieuwe inzichten, raamwerken, modellen en tools waarmee je jezelf opnieuw kunt uitvinden en de beste kandidaten kunt selecteren voor jouw organisatie.

Opbouw boek

In de volgende hoofdstukken zal ik diverse ingebrachte prestatie-indicatoren en persoonskenmerken behandelen. De belangrijkste prestatie-indicatoren en persoonskenmerken komen daarbij aan bod, maar juist ook de prestatie-indicatoren en persoonskenmerken die achteraf toch minder van belang voor duurzaam presteren bleken te zijn dan op voorhand bedacht. En ook die prestatie-indicatoren en persoonskenmerken die Nederlandse CEO's cruciaal achten voor het aannemen van nieuwe medewerkers, maar die dit niet of in mindere mate bleken te zijn. Niet alleen de uitkomsten van dit onderzoek komen daarbij aan bod, maar ook de bevindingen van andere wetenschappers en managementauteurs aangaande deze aspecten.

Nadat ik de resultaten van mijn onderzoek heb beschreven kom ik te spreken over wat deze prestatie-indicatoren in essentie allemaal gemeen lijken te hebben: de positieve gevolgen van het Zeignarnik-effect. Ik vertel je wat dat is, waar het vandaan komt en hoe ook jij het in je voordeel kunt gebruiken. Ik reik je tot slot diverse tools aan waarmee je jezelf kunt verbeteren en gericht kunt zoeken naar de beste kandidaat voor een functie binnen jouw organisatie.
In de bijlagen vind je de gedetailleerde resultaten en verantwoording van de methodologie van mijn onderzoek.

Tot slot

Voor je je straks onderdompelt, houd één ding in gedachten. Dit boek en het onderliggende onderzoek betreffen niet dé uitkomsten van een zoektocht naar de heilige graal van het duurzaam presteren. Elk onderzoek, waaronder ook het mijne, kent zijn beperkingen en limieten waardoor voorzichtigheid en terughoudendheid in conclusies dienen te worden betracht. Het onderzoek is met de grootst mogelijke zorgvuldigheid tot stand gekomen, maar in achting moet worden genomen dat ook dit onderzoek door bias en sociaal wenselijke antwoorden van respondenten gekleurd kan zijn. Hoewel dit onderzoek belangrijke inzichten heeft opgeleverd, kleven aan veel studies methodische problemen die de betrouwbaarheid en validiteit van de conclusies bedreigen. Zo is het bijvoorbeeld onmogelijk om uitspraken te doen over causaliteit op basis van cross-sectioneel onderzoek, en worden experimentele studies soms gekenmerkt door een gebrekkige generaliseerbaarheid naar het werkelijke arbeidsleven. De uitkomsten van deze studie dienen dan ook enkel als leidraad en kunnen slechts als inspiratie tot handelen worden beschouwd.

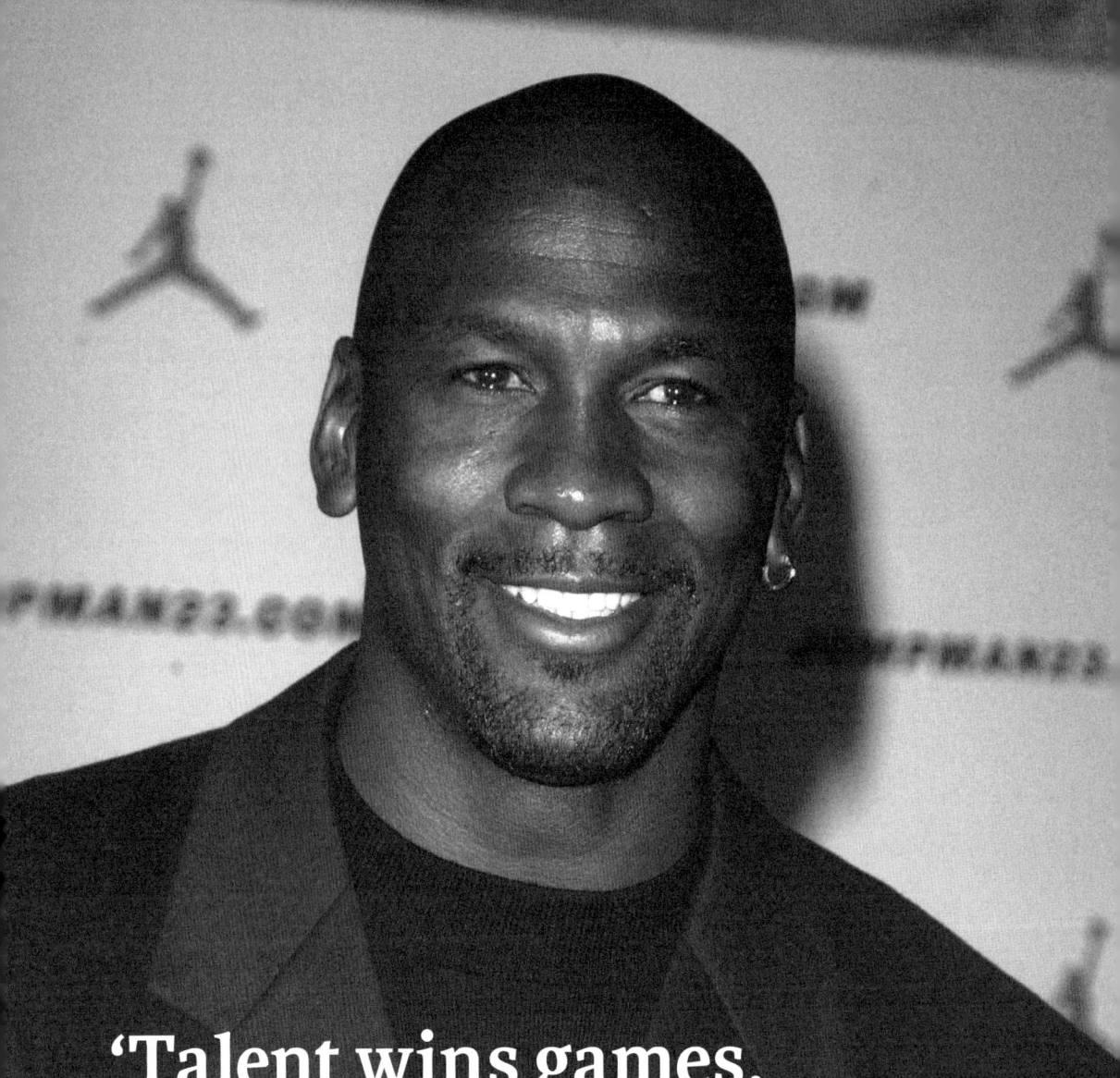

'Talent wins games, but teamwork and intelligence win competitions.'

Michael Jordan, Amerikaans basketballer (1963)

2 Talent

Zonder talent ook geen prestaties, dat lijkt vanzelfsprekend. De hoofdvraag die ik al die jaren niet los had kon laten, betrof de eerste onderzoeksvraag van een studie, die uiteindelijke drie jaar zou duren: in welke mate is talent nu echt belangrijk en verantwoordelijk voor presteren? Mijn eerste hypothese was de volgende:

Hypothese 1

Het hebben van talent leidt tot (betere) prestaties.

Talent —H1→ Prestaties

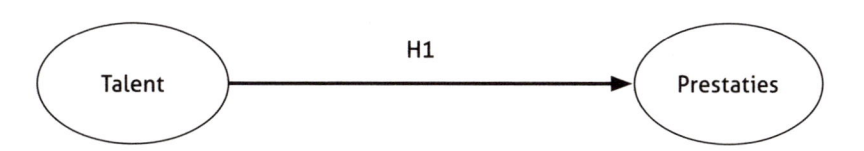

FIGUUR 2. **HYPOTHESE 1**

Het begrip 'talent'

Maar wat is talent? Hoeveel boeken je over talent ook leest, zij bieden geen duidelijke wetenschappelijke definitie van het veelgebruikte begrip. Volgens sommige gaat het om de slimste mensen, of degenen met het hoogste opleidingsniveau, of de mensen met de meeste relevante ervaring. Sommige organisaties gebruiken het woord 'talent' zelfs om er al hun personeel mee aan te duiden, wat de term natuurlijk betekenisloos maakt.

'Talent' wordt ook gebruikt om fenomenen te beschrijven, zoals: 'The War on Talent is begonnen.' Volgens de *Dikke van Dale* betreft talent 'de natuurlijke begaafdheid om ergens in uit te blinken'. Deze definitie van talent is ook in dit onderzoek gebruikt: de natuurlijke begaafdheid en de aangeboren aanleg van de professional om in zijn of haar vak uit te kunnen blinken.

Talent wordt overschat

Talent wordt overschat is de titel van de bestseller van Geoff Colvin, waarin hij laat zien dat we al jaren verkeerd tegen het concept talent aankijken. Steeds meer onderzoek is in de afgelopen decennia beschikbaar gekomen, waaruit onomstotelijk is vast komen te staan dat talent zwaar wordt overschat. Volgens sommigen doet het er zelfs niet eens toe. En toch is het concept talent belangrijk. Hoe wij naar talent kijken bepaalt immers hoe wij activiteiten uitoefenen, hoe wij onze kinderen stimuleren en op basis waarvan wij onszelf en mogelijk onze medewerkers inzetten. Een goed begrip van het concept en onderzoek naar het belang van talent blijft van enorme waarde.

De psycholoog Anders Ericsson bijvoorbeeld bestudeert al dertig jaar de bijzondere prestaties van schaakkampioenen, atleten, wonderkinderen en topmuzikanten. Hij schreef met een wetenschapsjournalist een overzicht van zijn bevindingen. Het boek, in het Nederlands uitgekomen onder de titel *Piek: Hoe gewone mensen buitengewoon kunnen presteren*, leert vooral dat als je ergens goed in wilt worden, er niets anders op zit dan toewijding te betrachten en vooral gericht te oefenen. Het verrassendst aan Ericssons onderzoek is dat volgens hem talent helemaal niet bestaat. Wat we doorgaans talent noemen, is niets anders dan alles wat we gewoon hebben geleerd, zo stelt hij. Volgens de hoogleraar psychologie aan de Florida State University is het enige werkelijke talent iets dat we allemaal bezitten, namelijk het vermogen om iets te leren.

Maar is er dan helemaal niet zoiets als aanleg, of aangeboren talent? Ericsson is beslist: 'Je kunt als wetenschapper niet zomaar zeggen dat iets niet bestaat. Maar ik moet de eerste persoon nog tegenkomen die zonder te oefenen iets bijzonders meteen kon. Ik heb in al die jaren geen enkel geval kunnen vinden van uitzonderlijk talent dat niet plausibel te verklaren was met oefenen.'[17] 'Het hebben van talent leidt tot (betere) prestaties', aldus mijn hypothese 1. Maar in hoeverre is dat echt zo? En hoe kijken Nederlandse CEO's en leidinggevenden tegen dit verschijnsel aan? De belangrijkste onderzoeksuitkomsten vind je aan het einde van dit hoofdstuk.

Excellent presterende individuen

Duizenden onderzoeken naar talent, waaronder dat van Francis Galton 1822-1911, een halve neef van de dertien jaar oudere Charles Darwin, laten zien dat de prestaties van excellent presterende individuen, die op het eerste oog zeer getalenteerd leken, niet zozeer geënt waren op hun talent, maar op andere factoren, zoals persoonlijke aandacht en training. Kinderen die al op zeer vroege leeftijd bleken te kunnen lezen, hadden niet zozeer het talent van hun ouders ontvangen, zo bleek, als wel hun persoonlijke toewijding om hen al zeer vroeg te kunnen laten lezen. En datzelfde gold voor 'hoogbegaafde' musici, tennisspelers, zwemmers en wiskundigen, zo lieten de onderzoeken zien: telkens weer bleken juist de invloeden uit de omgeving bepalend voor het grote succes. En niet het grote talent!

Maar hoe zit het dan met Mozart? Hoe is het mogelijk om zijn prestaties niet als uitkomst van een groot talent te bestempelen? Mozart schreef zijn eerste composities immers al op zijn vijfde en zijn eerste symfonie in zijn achttiende levensjaar! Een wonderkind, zo werd gezegd. Maar ook voor Mozart geldt, zo liet onderzoek zien, dat zijn talent – als dat al bestaat – pas waardevol werd toen hij heel veel tijd voor instructie en oefenen kreeg, zodat hij zijn vaardigheden heel snel kon ontwikkelen. Kinderen met ouders die geen muziek maken kunnen een grote muzikaliteit ontwikkelen, maar de top is voor weinigen van hen weggelegd, zo laten diverse andere onderzoeken zien.[18] Veel musici die de top wel hebben bereikt, hebben dit dan ook kunnen doen door reeds op jonge leeftijd veel te studeren en muziek te maken.

En dat gold ook voor Mozart. Zijn vader – Leopold Mozart – was in zijn tijd al een beroemde componist. Hij bleek daarnaast echter ook een zeer dominante ouder te zijn, die zijn zoon al op driejarige leeftijd op een intensief programma van componeren en spelen zette. Leopold was een voornaam pedagoog en publiceerde zijn handboek voor vioolonderwijs in precies hetzelfde jaar dat Wolfgang werd geboren. Zijn belangrijkste student was daar. Van jongs af aan werd Wolfgang Mozart dan ook zeer intensief begeleid door een expert, die zelfs bij hem thuis woonde. Maar dan nog zou je kunnen zeggen, waren zijn prestaties niet van een andere planeet? Hij wordt toch niet voor niets een wonderkind genoemd? Toch geldt ook hier: niets is wat het lijkt!

Vele manuscripten van de jonge Wolfgang blijken achteraf niet eens zijn eigen stukken; zijn vader Leopold heeft deze steeds weer gecorrigeerd en aangevuld voordat iemand anders ze voor het eerst onder ogen kreeg, zo blijkt uit later onderzoek. Papa Leopold stopte zelfs met het componeren

'Niet een verheven niveau van intelligentie noch van verbeelding, of een combinatie van beide, maken een genie. Love, love, love, dat is de ziel van elk genie.'

Wolfgang Amadeus Mozart, Oostenrijks componist (1756-1791)

van zijn eigen stukken op het moment dat hij de kleine Wolfgang begon te begeleiden. Veel stukken van de jonge Wolfgang bleken dan ook niet van hemzelf; op zijn best kunnen ze als teamwerk worden bestempeld. Zijn eerste, wel als zodanig door de buitenwereld erkende, eigen meesterwerk betreft zijn pianoconcert no. 9 (KV 271). Maar op dat moment was de 'kleine Mozart' al 21 jaar oud en toch zeker niet meer als (wonder)kind te bestempelen. Een genie, ja, dat was hij wel.[19]

En Tiger Woods dan? Volgens sommige onderzoekers naar excellent presteren is hij 'de Mozart uit de golfwereld'. De achtergrond van deze beide 'wonderkinderen' blijkt in verrassende mate identiek. Tiger Woods' vader, Earl, was een onderwijzer van jonge kinderen met een grote passie voor sport. In de tijd tussen zijn militaire dienst en studeren, en dus nog voor de geboorte van Tiger, schreef hij een voor velen geheel onopvallend gebleven boekje met de titel *Training a Tiger*. In zijn eigen jeugd was Earl zelf een goede honkbalspeler geweest. In de jaren voordat kleine Tiger geboren werd, verliet hij echter de honkbalsport omdat hij golf ontdekte, beter gezegd: volledig omarmde. Zijn vele trainingsuren maakten dat hij in slechts een paar jaar zijn persoonlijke handicap kon verlagen tot die van de beste 10% van alle spelers in zijn regio.

Op 30 december 1975 in Cypress, Californië werd opnieuw een 'wonderkind' geboren. En opnieuw in een huis van een fanatieke en dominante leraar. Earl en zijn tweede vrouw hadden geen andere kinderen en besloten dat kleine Tiger prioriteit nummer één in hun leven zou worden. Al op de leeftijd van zeven maanden gaf Earl zijn zoon zijn eerste golfstick en klemde hij Tiger in een stoel vast om hem zonder vallen te kunnen laten slaan. De opleiding van de kleine Tiger was begonnen! Toen het 'wonderkind' al op negentienjarige leeftijd werd opgenomen in het nationale Amerikaans team had hij er al achttien jaar en ruim dertigduizend uur aan intensieve training op zitten! Aan gerichte oefening, zo had Anders Ericsson kunnen zeggen.

Is talent dan van geen enkel belang? Dat lijkt toch ook moeilijk voor te stellen … Toen Max Verstappen onlangs, als jongste debutant ooit, een Grand Prix won, roemde iedereen zijn opmerkelijke gaven. Voormalig Formule 1-wereldkampioen en racelegende Mario Andretti noemde Verstappen 'een zeldzaam talent'. Voormalig coureur Robert Doornbos zei: 'Er hangt een bepaalde aura om hem heen.' Is dat geen familietrekje, omdat zijn beide ouders ook coureur waren? Max Verstappen blijkt de nieuwe Mozart. Of Tiger Woods, zo je wilt. Een jongeman die al op zeer jonge leeftijd door zijn vader is onderwezen om een topcoureur te worden. Op de leeftijd van zeventien jaar, de meesten van ons beginnen dan net met rijlessen, had ook de kleine Max er al veertien jaar aan gerichte oefening op zitten.

Winnaars-DNA of toewijding?

In mijn ogen zat – en zit – de spraakverwarring in het woordje 'vooral'. *Hun prestaties zijn vooral een kwestie van toegang hebben tot de middelen.* Zonder talent, zo beredeneerde ik, kun je ook niet tot prestaties komen. En blijven komen. Talent is dus een voorwaarde voor presteren die positief kan worden beïnvloed door bepaalde persoonskenmerken en een fit met de omgeving.

Zowel Anders Ericsson[20] als ikzelf[21] veronderstelden eerder dat naast talent het aspect toewijding en het maken van vele uren de meest cruciale rol zou spelen voor duurzaam presteren. Maar is dat voor professionals van vandaag de dag nog steeds zo? Zijn er mogelijk nog andere persoonskenmerken of prestatiecriteria die wellicht veel belangrijker zijn?

In 2012 verscheen het boek *The Gold Mine Effect* van de Deense wetenschapper Rasmus Ankersen. Ankersen schreef zijn eerste boek *The DNA of a Winner* op de leeftijd van 22 jaar. Een jaar later publiceerde hij zijn tweede boek, *Leader DNA*, gebaseerd op onderzoek van vijfentwintig hoog aangeschreven leidersfiguren. Met zijn derde boek *The Gold Mine Effect* nam Ankersen opnieuw een duik in de geheimen van hoge prestaties, en werd hij de enige expert die letterlijk heeft geleefd tussen en heeft getraind met de allerbeste atleten ter wereld. *The Gold Mine Effect* werd gepubliceerd in meer dan veertig landen.[22]

Als jonge voetbalcoach had Ankersen eerder de Deense club FC Midtylland geholpen om de eerste voetbalacademie van Denemarken op te richten. Zijn doel was simpelweg om de beste talenten van Denemarken te scouten en ze op te leiden, om ze later tegen de hoogst mogelijke vergoeding te kunnen transfereren naar clubs als AC Milaan, Inter, Barcelona et cetera. Een dergelijke strategie betrof in wezen het enige bestaansrecht voor een kleine club als FC Midtylland, zo was ieders overtuiging.

Van alle talenten die Ankersen als coach al die jaren langs had zien komen, kon hij één naam niet meer uit zijn hoofd krijgen: Simon Kjaer. Een weinig getalenteerde voetballer, die door niemand was opgemerkt, bleek achteraf het grootste succes uit de geschiedenis van de club. Hoe kon het dat niemand Kjaer had opgemerkt? Hoeveel andere Simon Kjaers lopen er wel niet rond? Ankersen kreeg de gedachte van zo veel onopgemerkt talent niet meer uit zijn hoofd. Was het wel talent dat de doorslag geeft?

Goudmijnen

Rasmus Ankersen filosofeerde: 'Hoe kan het dat sommige dorpjes, zoals Iten in Kenia en Bekoji in Ethiopië, het ene loopwonder na het andere voortbrengen? En waarom winnen Jamaicanen altijd de sprint op wereldkampioenschappen en Olympische Spelen? Waarom produceert Zuid-Korea 35% van de beste vrouwelijke golfers van de wereld? Hoe heeft Rusland de afgelopen jaren bijna 25% van alle vrouwelijke tennisspeelsters uit de top 40 van de wereld kunnen afleveren? Waarom leverde Brazilië de afgelopen jaren zo veel wereldvoetballers? Ankersens zoektocht naar het antwoord op de vraag wat iemand van wereldklasse maakt, leidde hem naar zes, in zijn woorden, 'goudmijnen' die de ene wereldtopper na de andere voortbrengen. In Kenia, Ethiopië, Jamaica (hardlopen), Rusland (tennis), Zuid-Korea (golf) en Brazilië (voetbal) trainde hij een halfjaar lang met de aanstormende talenten en gevestigde namen, voor zover hij ze kon bijbenen.
Als er slechts één ding is dat alle goudmijnen gemeen hebben, zo ervoer Ankersen, dan is het dat alles daar in het teken staat van een omgeving van trainen en verbeteren. Een omgeving waarbij concurrenten als inspirator dienen. 'In Kenia gaat niemand in zijn eentje rennen, dat doen ze samen. Talent en wereldtoppers rennen zij aan zij. Bedenk eens hoe inspirerend dat is. Degene die op dinsdagochtend de training in Kenia wint, is waarschijnlijk de snelste persoon op aarde op dat onderdeel. 'Bovendien zien de talenten dat hun helden keihard moeten werken voor hun succes. Dat de wereldtoppers juist degenen zijn die nog een extra uurtje trainen als de rest afhaakt. Van jongs af aan leren ze dat uiteindelijk degene wint die dat het meest wil.'

Talent is goed, karakter is beter, zo bleek. Een goede en inspirerende omgeving lijkt cruciaal om talent tot volle wasdom te laten komen. Of

zoals Ankersen het verwoordt: 'Talent bestaat, maar het bestaat overal. Het gaat erom het talent te laten ontvlammen.'
Zijn belangrijkste conclusie en aanbeveling: het niet pushen van je kinderen om te presteren is het meest onverantwoordelijke wat je als ouder kunt doen. Er bestaat geen winnaars-DNA, wat het verschil maakt is toewijding en oefening!

Deliberate practice

Wetenschappers van overal uit de wereld zijn al 150 jaar bezig om het geheim van duurzaam presteren te ontrafelen. Enorme bergen data zijn inmiddels beschikbaar van onderzoekers die bestudeerden hoe topperformers uit bijvoorbeeld de muziek, sport en wetenschap tot hun daden waren gekomen. De algemene uitkomsten van hun onderzoek, alsmede die van mijn eigen onderzoek, vormen een tegenstelling van wat altijd werd gedacht. Namelijk dat talent en ervaring de belangrijkste voorspellers van duurzame, excellente prestaties zouden zijn. Talent blijkt inderdaad een voorwaarde – zonder talent ook geen prestaties – maar talent en ervaring alleen blijken volstrekt onvoldoende. Rendementen uit het verleden zijn geen garantie voor de toekomst, zo blijkt telkens.[23]

Veel organisaties waarderen en gebruiken talent, ervaring en de behaalde resultaten uit het verleden – echter nog steeds als een van de allerbelangrijkste selectiecriteria als het gaat om het aannemen, promoveren en belonen van hun medewerkers. Maar onderzoek wijst het tegenovergestelde uit: er is geen enkel bewijs dat ervaring een goede indicator voor presteren is. Integendeel zelfs. Onze kennis over duurzaam presteren lijkt volstrekt onvoldoende.

Anders Ericsson kwam daarbij tot de conclusie dat niet de hoeveelheid oefening van belang was, maar juist de kwaliteit van die oefening. Hij maakte er zijn levenswerk van om deze kwaliteit van de oefening verder te onderzoeken. Naar aanleiding van alle in kaart gebrachtte onderzoeken kwam hij tot zijn deliberate practice-theorie. Vrij vertaald: 'de theorie van de doelbewuste oefening'. Het gaat er niet om zo veel mogelijk te oefenen, het gaat om de kwaliteit van de oefening.[24]

Deliberate practice betreft een voortdurende confrontatie met de beperkingen op je sterkste punten. Het eerder behaalde resultaat zal en moet altijd overtroffen worden. Het gaat er niet om om van je vijfjes zessen te maken; het gaat erom van je achten tienen te maken. In Nederland leven we te veel in een zesjesland – we oefenen van alles. Pas toen Daphne Schippers de meerkamp verliet en ze zich in de sprint specialiseerde werd ze een wereldberoemd topatlete.

Over talent en talentmanagement is nog zoveel meer te vertellen en er zijn nog zoveel meer boeken, studies en onderzoeken aan te halen dan de bovenstaande. Waar te beginnen, en waar te eindigen? Dat was eigenlijk de grootste opgave voor dit hoofdstuk. Ik koos uiteindelijk: voor deze ene vraag: in welke mate is het hebben van talent nu echt belangrijk voor duurzaam presteren?

Uitkomsten van het onderzoek

Om mijn hoofdvraag te kunnen beantwoorden vroeg ik leidinggevenden om twee vragen over het ingeschatte talent van een willekeurig gekozen medewerker te beantwoorden op een vijfpuntsschaal, variërend van 'geheel mee eens' tot 'geheel mee oneens'. Het talent van ruim 1100 professionals werd op deze wijze in kaart gebracht en als eerste variabele gerelateerd aan de mate van geleverde prestaties door deze professionals.

Mijn onderzoek naar het belang van talent laat zien dat het hebben van talent inderdaad slechts als voorwaardelijk voor presteren mag worden beschouwd. Zonder talent ook geen prestaties, zo kan voorzichtig geconcludeerd worden uit de antwoorden van de leidinggevenden en senior medewerkers van ruim 1100 professionals. Maar de mate van aanwezig talent voor het uitoefenen van de functie bleek na afloop van het gedane onderzoek nauwelijks een significante correlatie te hebben met presteren. Het aspect talent eindigde uiteindelijk pas op nummer 9 van alle ingebrachte prestatiecriteria!

Gevraagd naar het prestatiecriterium waarop zij nieuwe medewerkers zouden aannemen gaf de grote meerderheid van de ondervraagde CEO's echter als nummer 1 aan: de mate van aanwezig talent voor het uitoefenen van de functie (zie bijlage II: Belangrijkste uitkomsten van het onderzoek naar prestatie-indicatoren). Op de wijze waarop zij dit talent dan vooraf als aanwezig beschouwden of als zodanig inschatten, gaven de meesten aan: 'Tja, op basis van diploma's, opgedane werkervaring, gemaakte promoties en aangereikte referenties.' Oftewel, op basis van resultaten uit het verleden en de persoonlijke inschatting dat aanwezig geacht talent opnieuw tot rendement zou leiden.

Volledig mis, zo laat niet alleen mijn onderzoek zien. Een onderzoek van bijvoorbeeld de Universiteit van Amsterdam met uitzendbureau Randstad in 2008 en een omvangrijk internationaal en longitudinaal onderzoek door Schmidt en Hunter[25] laten zien dat rendementen maar ook referenties uit het verleden geen enkele garantie voor de toekomst bieden.

Mijn onderzoek blijkt de theorieën van onder andere Billy Beane, Anders Ericsson, Daniel Pink, Malcolm Gladwell, Geoff Colvin en Rasmus Ankersen geheel te bevestigen: talent is goed, karakter is beter! Maar welke persoonskenmerken en karaktereigenschappen dienen dan wél als cruciaal voor duurzaam presteren te worden beschouwd? Mijn zoektocht vervolgde zich.

'Personeel werven is moeilijk. Het is net als naalden zoeken in een hooiberg. Je weet nooit genoeg na een interview van een uur. Dus neem je uiteindelijk een beslissing op basis van je onderbuikgevoel.'

Steve Jobs, Amerikaans ondernemer (1955-2011)

3 Intelligentie, wilskracht en intrinsieke motivatie

Talent wordt dus overschat, zo blijkt uit vele studies. De uitkomsten van mijn onderzoek onderschrijven deze stelling volledig. Weliswaar lijkt enig talent nodig te zijn voor duurzaam presteren, maar talent zelf blijkt slechts van matige invloed. Welke persoonskenmerken zijn dan wel van cruciaal belang voor het bewerkstelligen van duurzame prestaties? Intelligentie bijvoorbeeld? De verstandelijke begaafdheid en het vermogen om kennis en ervaring toe te passen bij het oplossen van problemen? Of wilskracht, zoals Roy Baumeister in zijn gelijknamige boek stelt? Mijn tweede hypothese luidde als volgt:

Hypothese 2

Het in meerdere of mindere mate hebben van bepaalde persoonskenmerken beïnvloedt de relatie tussen talent en presteren in positieve of negatieve zin.

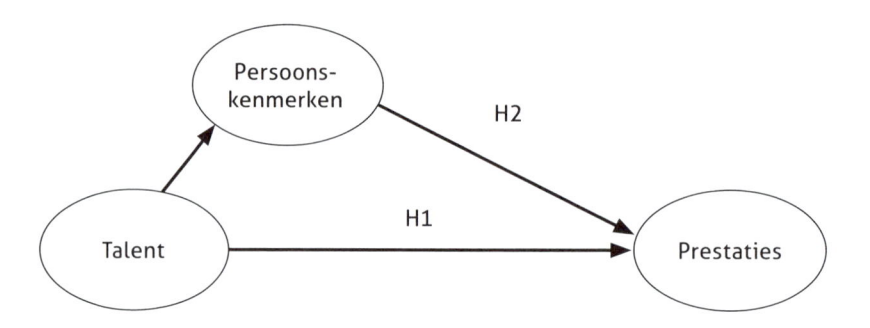

FIGUUR 3. **HYPOTHESE 2**

Intelligentie en wilskracht

De Zweedse professor en psycholoog Anders Ericsson was tot de conclusie gekomen dat naast talent de hoeveelheid doelgerichte oefening van cruciaal belang was voor duurzaam presteren.[26] Maar hoe zit het dan met wilskracht en intelligentie?

In 2014 en meer recentelijk in 2016 kwamen de studies en onderzoeken van Anders Ericsson onder vuur te liggen. Ondanks goede analyses van duizenden onderzoeken naar topperformers, waarbij het belang van doelbewuste oefening werd aangetoond, constateerden andere

'Je kunt niet winnen van

Babe Ruth, Amerikaans honkballer (1895-1948)

onderzoekers dat ook andere fenomenen dan doelbewuste oefening een grote rol speelden bij duurzaam presteren. Doelbewuste oefening betrof een belangrijke, maar niet de enige verklaring voor duurzaam presteren, zo bleek ook uit onderzoek van onder andere Roy Baumeister en John Tierney.

Roy Baumeister is een van de belangrijkste psychologen van deze tijd. Hij is hoogleraar psychologie aan Florida State University en bijzonder hoogleraar aan de Vrije Universiteit Amsterdam. Hij begon in de jaren zeventig zijn carrière als sociaal psycholoog als onderzoeker op het gebied van zelfwaardering en zelfvertrouwen. Gaandeweg ontdekte hij dat zelfvertrouwen helemaal niet zo zaligmakend is en ging zich verdiepen in andere begrippen zoals zelfregulatie, zelfbeheersing en wilskracht. Waar freudianen het menselijk gedrag zien als het resultaat van veelal onbewuste processen, legt Baumeister al jaren de nadruk op de bewuste beheersing van het eigen gedrag. Zijn laatste boek *Wilskracht*, dat hij samen met wetenschapsjournalist John Tierney van *The New York Times* schreef, gaat over het belang van wilskracht en zelfbeheersing en de vraag hoe je die twee kunt versterken.

Volgens Baumeister en Tierney blijkt alles, als je kijkt naar de persoonlijkheidskenmerken die van belang zijn om goede resultaten in het leven te boeken, om twee eigenschappen te draaien: intelligentie en

iemand die nooit opgeeft.'

wilskracht. Zij verstaan daarbij onder goede resultaten, dat je 'gelukkig bent, gezond bent, langer leeft, minder mentale problemen hebt, minder lichamelijke klachten, betere relaties onderhoudt met andere mensen, succesvoller bent, minder geneigd bent misdaden te begaan en minder vaak in de gevangenis belandt'. Een goede zelfbeheersing blijkt op al die punten een positieve uitwerking te hebben. 'Je kunt zelfs stellen dat gebrek aan zelfbeheersing een rol speelt bij de meeste grote maatschappelijke problemen van deze tijd: financiële problemen – denk aan de kredietcrisis – geweld, obesitas, alcohol- en drugsmisbruik', aldus Baumeister.[27]

In de inleiding van hun boek *Wilskracht* schrijven Baumeister en Tierney dat ze aanvankelijk net zo sceptisch tegenover wilskracht stonden als de meesten van hun vakgenoten. Wilskracht, dat was iets uit de negentiende eeuw; Victoriaans gedoe, streng en achterhaald. In de twintigste eeuw werd algemeen aangenomen dat zelfwaardering en zelfvertrouwen veel belangrijkere factoren voor succes waren.

Discipline en regels

Baumeister en Tierney stellen in hun boek dat de gemiddelde mens in onze huidige maatschappij over veel minder wilskracht beschikt,

_____

'Willpower is a muscle that can

Roy Baumeister, hoogleraar psychologie (1953)

de wil om vol te houden, dan vroeger. 'Dat komt voor een groot deel doordat scholen en ouders discipline niet meer zo belangrijk vinden. En dat heeft weer te maken met de zelfwaarderingsbeweging uit de jaren zeventig, die benadrukte hoe belangrijk het is om je kind te prijzen en aan te moedigen. Zaken als straffen, discipline bijbrengen en kritiek geven, zijn sindsdien in de knel gekomen. Dat is geen goede ontwikkeling, overigens ook niet voor het zelfvertrouwen. Geen kind schiet er iets mee op als het altijd maar geweldig wordt gevonden. Het krijgt geen enkel idee op grond waarvan het dan zo geweldig is. Als je je kind echt zelfvertrouwen wilt bijbrengen, moet je duidelijk maken wat de regels zijn. En vervolgens moet je zeggen: als je je aan de regels houdt, ben je goed bezig; als je je er niet aan houdt, ben je niet goed bezig. Op die manier leert het kind onderscheid te maken en ontdekt het dat zijn daden ertoe doen.'

Egodepletie

Baumeister vergelijkt wilskracht met een spier. Als je die spier te veel gebruikt, wordt hij moe. 'Stel je een gewone werkdag voor. De hele dag door had je enorm veel zin om tegen je pedante baas te zeggen wat je van hem vindt. Maar je hebt je keurig beheerst en hem vriendelijk toegeknikt. Dan kom je thuis. Je partner vraagt of je nog boodschappen

be strengthened.'

hebt gedaan, zoals je had beloofd. Onmiddellijk voel je een blinde woede omhoog komen en voor je het weet sta je onbeheerst te schreeuwen en te tieren.'[28] Een typisch voorbeeld van het verschijnsel waarvoor Baumeister de term 'egodepletie' introduceerde. De wilskracht is op.

Egodepletie betreft het verminderde vermogen van mensen om hun gedrag te reguleren. 'Iedereen heeft per dag maar een beperkte hoeveelheid wilskracht', zegt Baumeister. 'En we gebruiken die hoeveelheid wilskracht bij allerlei totaal verschillende taken die niets met elkaar te maken hebben, maar via deze ene energiebron wel met elkaar verbonden zijn. Wie de hele dag is gefocust op het feit dat hij niet te veel mag eten, kan zich in het verkeer opeens ontpoppen als een onbeheerste idioot. Maar je kunt je zelfbeheersing wel sterker maken. Door het te trainen.'

Wilskracht, zelfbeheersing en zelfvertrouwen werden als (mogelijk) belangrijke elementen van persoonskenmerken voor duurzaam presteren in mijn onderzoek opgevoerd. De in dit onderzoek gebruikte definitie van wilskracht luidt: de wil om vol te houden en de (beschikbare) capaciteit om je zelf te kunnen beheersen. Zelfbeheersing wordt gedefinieerd als: het vermogen om je impulsen en opwellingen in bedwang te houden. Iets nu laten omdat het niet strookt met dat wat je op lange termijn wilt. En zelfvertrouwen als: het geloof dat iemand zijn omgeving succesvol kan controleren en beïnvloeden.

Intrinsieke motivatie

Hoe zit het dan met intrinsieke motivatie? Talent wordt overschat, zo begon ik, en zo lieten anderen met mij weten (bijvoorbeeld Geoff Colvin en Matthew Syed[29]). Maar welke rol speelt intrinsieke motivatie bij duurzaam presteren?

Intrinsieke en extrinsieke motivatie zijn twee verschillende bronnen van motivatie, waar vaak onderscheid tussen wordt gemaakt. De theoretische afbakening tussen deze twee begrippen is daarbij niet altijd helder. Volgens de zelfbeschikkingstheorie is extrinsieke motivatie de motivatie die ontstaat vanuit een externe bron, bijvoorbeeld het vooruitzicht op een beloning of een straf bij een bepaalde handeling. Bij intrinsieke motivatie komt de motivatie vanuit de persoon zelf. Deze handelt niet om een externe beloning te bemachtigen of aan een straf te ontkomen, maar vanwege de intrinsieke waarde van de activiteit op het moment zelf of om het behalen van een doel in de toekomst.

Metaforisch beschreven: bij intrinsieke motivatie draait het om het spel, en bij extrinsieke motivatie om de knikkers. In dit onderzoek verstond ik onder intrinsieke motivatie het genieten van het werk, het hebben van plezier in het uitoefenen daarvan. Onder extrinsieke motivatie verstond ik: het bieden van een bepaalde levensstandaard, het verdienen van een hoop geld, en het doen van het werk voor het salaris, beide overeenkomstig de definities van Gagné.[30]

Verschillende wetenschappelijke onderzoeken wijzen op verschillen tussen gedrag dat ontstaat vanuit extrinsieke en intrinsieke motivatie. Mensen die intrinsiek gemotiveerd zijn voor een bepaalde handeling, vertonen volgens wetenschappelijke onderzoeken:
- een hoger concentratieniveau;
- meer creativiteit. Dit zou onder andere komen door een verhoogd concentratieniveau, hogere bereidheid tot het nemen van risico's, het speelser zijn en het flexibeler verkennen van cognitieve paden;

- grotere gevoelens van zelfcompetentie en trots;
- meer plezier tijdens het uitvoeren van hun taak.

Uit onderzoeken blijkt ook dat extrinsieke motivatie niet-intrinsiek gemotiveerde mensen in beweging kan brengen.[31] Een nadeel is echter dat het vooruitzicht op een beloning of straf dan wel moet blijven bestaan, anders werkt de extrinsieke motivatie niet meer. Intrinsieke motivatie kan juist onafhankelijk van externe invloeden plaatsvinden en kan in bepaalde opzichten dus als duurzamer worden gezien.

Het motivatiecontinuüm

De motivatietheorie – of Self-Determination Theory (SDT) – van Deci en Ryan is zich vanaf de jaren zeventig van de vorige eeuw blijven doorontwikkelen. Een belangrijke eerste mijlpaal was de publicatie van *Intrinsic motivation and self-determination in human behavior* in 1985.[32] In 2000 publiceerden Ryan en Deci 'Intrinsic and Extrinsic Motivations: Classic Definitions and New Directions', wat tot op de dag van vandaag beschouwd wordt als een toonaangevend overzichtsartikel. Ze bieden daarmee inzicht in verschillende vormen en gradaties van motivatie en de mechanismen waarlangs de omgeving van de organisatie kan bijdragen aan de motivatie van haar medewerkers.[33] Waar motivatie voorheen als een unidimensioneel begrip beschouwd werd, waar mensen meer of minder mee bedeeld kunnen zijn, laten Deci en Ryan zien dat het begrip 'motivatie' veel complexer en meerdimensioneel van karakter is. In de genoemde publicatie uit 2000 presenteerden Ryan en Deci een 'taxonomy of human motivation', zeg maar een motivatiecontinuüm. Hun continuüm begint aan de linkerkant met amotivatie (afwezigheid van intenties) om uiteindelijk via vier gradaties van extrinsieke motivatie aan de rechterkant te eindigen met de meest krachtige vorm van motivatie: intrinsieke motivatie.

Deci en Ryan stelden hierbij ook dat intrinsieke motivatie geen vaststaand begrip is, maar een momentopname: een medewerker kan intrinsiek gemotiveerd beginnen aan een nieuwe baan, maar om diverse redenen zijn intrinsieke motivatie verliezen.

Geen motivatie   **Sterke motivatie**

Motivatie-type	Amotivatie	Extrinsieke motivatie				Intrinsieke motivatie
		Externe regulatie	Introjectie	Identificatie	Integratie	
Verwante processen	Ervaren laag competentie-niveau, afwezigheid van intenties	Gerichtheid op externe beloningen Meegaand, reactief	Ego speelt belangrijke rol Gerichtheid op goedkeuring door anderen	Bewust waarderen van bepaald gedrag Nut onderschrijven	In overeenstemming met eigen waarden en normen	Interesse Plezier Bevrediging inherent aan activiteit
Mate van autonomie	Afwezig	Zeer laag	Laag	Enige mate van autonomie	Grote mate van autonomie	Grote mate van autonomie

FIGUUR 4. **HET MOTIVATIECONTINUÜM VAN DECI EN RYAN**[34]

Motivatie 3.0

In de afgelopen decennia zijn er verschillende theorieën ontstaan over waar mensen hun drive vandaan halen, zo geeft Pink aan. In zijn boek *Drive* (2010) verbindt Pink het motivatieonderzoek van Deci en Ryan (2000) met het onderzoek van Csikszentmihalyi naar flow.[35]

Motivatie 1.0 beschrijft de behoefte van mensen om te overleven waardoor zij in beweging komen, zo stelt hij. Motivatie 2.0 omvat het aansturen van medewerkers door middel van belonen en straffen. Motivatie 3.0 gaat uit van het paradigma dat mensen in beweging komen wanneer ze intrinsiek gemotiveerd worden. In zijn boek beschrijft Pink waarom Motivatie 2.0 achterhaald is en hoe je Motivatie 3.0 kan gebruiken om mensen te motiveren. Drie elementen zijn volgens Pink essentieel om motivatie 3.0 te stimuleren, te bewerkstelligen en te behouden:

1. *Autonomie*. Mensen zouden autonomie moeten hebben ten aanzien van hun taak, tijd, groep en hoe zij hun werk kunnen uitvoeren, volgens Pink.
2. *Meesterschap*. Betrokkenheid bereik je pas met meesterschap. Daarbij is het van belang dat het werk dat je moet uitvoeren past bij je talenten. Volgens Pink is meesterschap dan ook een mindset: het is altijd voor verbetering vatbaar, je kunt meesterschap in feite nooit bereiken. Juist daardoor ontstaat het streven ernaar, het stimuleren van het bereiken van meesterschap. Het geeft intrinsieke motivatie.
3. *Zingeving*. De eerste twee elementen zijn essentieel volgens Pink, maar voor een goed evenwicht is er een derde element nodig, zingeving, die een goede context verschaft voor de andere twee. Au-

tonomie en mensen die streven naar meesterschap presteren op een heel hoog niveau. Maar degenen die dat doen in dienst van een hoger doel, kunnen nog meer bereiken.

Pink onderschrijft in zijn boek *Drive* het belang van intrinsieke motivatie door middel van diverse wetenschappelijke onderzoeken. Maar hij wijst net als Deci en Ryan op het feit dat intrinsieke motivatie geen vaststaand gegeven is. Zij kan in zijn ogen fluctueren afhankelijk van de ontvangen autonomie, de geboden stimuli naar te bereiken meesterschap en het hebben van een doel, zingeving.

Mijn gedachten gingen terug naar het verhaal over Billy Bean en zijn wil om tot de kern van presteren te geraken. Na het lezen van al deze onderzoeken en studies was mijn nieuwsgierigheid onverminderd groot: in welke mate zijn wilskracht, zelfbeheersing, zelfvertrouwen, intelligentie, intrinsieke en/of extrinsieke motivatie nu van belang voor duurzaam presteren?

Uitkomsten van het onderzoek

Intelligentie en intrinsieke motivatie zijn inderdaad van groot belang voor duurzaam presteren, zo blijkt uit dit onderzoek. Intrinsieke motivatie bleek uiteindelijk de nummer 4-voorspeller van duurzaam presteren en intelligentie de nummer 5. En niet minder belangrijk: uit grootschalig onderzoek door onderzoekers van de UvA blijken ook intelligentietesten een van de beste voorspellers van toekomstig presteren te zijn.[36]

Het persoonskenmerk wilskracht bleek in mijn onderzoek echter geen belangrijke relatie met presteren te kennen en eindigde zelfs buiten de top 10 van belangrijkste prestatiecriteria. Dit in tegenstelling tot de variabele toewijding (een van de drie elementen van bevlogenheid) en de nummer 6-voorspeller van prestaties. Een begrip dat dichter lijkt te liggen bij de nummer 4-voorspeller van presteren: intrinsieke motivatie.

Waar wilskracht meer kenmerken van extrinsieke motivatie lijkt te kennen, lijkt toewijding meer verband te houden met de intrinsieke motivatie van werken. 'Ik, of beter: wij hebben een doel, daaraan ben ik toegewijd', in plaats van: 'Ik moet iets, daarvoor heb ik wilskracht nodig.' Een andere verklaring voor het feit dat uit dit onderzoek wilskracht niet – en toewijding wel – een belangrijke voorspeller voor presteren is gebleken, kan tevens liggen in het gegeven dat mijn onderzoek zich heeft afgespeeld binnen de zakelijke omgeving – duurzaam presteren als professional – terwijl de onderzoeken van Baumeister en Tierney zich met name afspeelden in het privédomein – het presteren als persoon – waarbij wilskracht een veel grotere rol lijkt te moeten worden toebedeeld. Zelfbeheersing en het managen en controleren van je eigen gedrag betreffen immers cruciale aspecten die nodig zijn om de verleidingen van het moderne leven te kunnen weerstaan, zo geven de studies van Baumeister en Tierney telkenmale aan.[37]

Een andere opvallende uitkomst uit mijn onderzoek betreft een toch redelijk sterke, significante correlatie van extrinsieke motivatie met duurzaam presteren. Extrinsieke motivatie blijkt niet een van de belangrijkste voorspellers, maar komt na talent toch op plek 10. En kijk je naar slechts één bepaald element van presteren, de snelheid van behaalde prestaties, dan neemt het belang van extrinsieke motivatie zelfs sterk toe en blijkt zij een zeer belangrijke voorspeller te zijn (nummer 3). Extrinsiek gemotiveerde professionals lijken in staat om snel en op korte termijn te presteren, maar

3 Intelligentie, wilskracht en intrinsieke motivatie

verliezen mogelijk na verloop van bepaalde tijd hun drive zodra andere factoren niet ingevuld worden, overeenkomstig de theorie van Daniel Pink.[38]

Gevraagd naar het prestatiecriterium waarop zij nieuwe medewerkers zouden aannemen gaf de grote meerderheid van de ondervraagde CEO's op de eerste plaats aan: de mate van aanwezig talent voor het uitoefenen van de functie. Op plaats 2 kwam intrinsieke motivatie. Op nummer 3: intelligentie. En wilskracht volgde op nummer 7 (zie ook bijlage II: Belangrijkste uitkomsten van het onderzoek naar prestatie-indicatoren).

Op de wijze waarop de ondervraagde Nederlandse CEO's – tijdens of na het sollicitatiegesprek – dan intrinsieke motivatie, intelligentie en wilskracht als aanwezig beschouwden, moesten de meesten echter een concreet antwoord verschuldigd blijven: 'Tja, da's een goede.' Slechts een enkeling gaf aan vooraf inderdaad een intelligentietest af te nemen, maar vrijwel allen antwoordden dat sollicitatiegesprekken en hun gevoel uiteindelijk de doorslag gaven om iemand aan te nemen. Net als Steve Jobs ervaart, 'uiteindelijk neem je een beslissing op basis van je onderbuikgevoel'.

Duurzaam presterende professionals blijken intelligente, toegewijde en intrinsiek gemotiveerde individuen, zo komt uit dit onderzoek naar voren. Maar de nummer 1- en 2-prestatievoorspellers blijken toch twee andere persoonskenmerken: aanpassingsvermogen en zelfeffectiviteit!

'One child,
one teacher and
one pen can change
the world.'

Malala Yousafzai, jongste Nobelprijswinnares ooit (1997)

4 Aanpassings-vermogen

Onze wereld wordt steeds kleiner, digitaler en veranderlijker. Technologische ontwikkelingen volgen elkaar steeds sneller op en de levenscycli van organisaties en teams worden steeds korter. We merken het allemaal: wat vandaag als nieuw en succesvol geldt, kan morgen achterhaald zijn.

In een veranderende wereld is de enige constante verandering zelf. Dat lijkt niet in de laatste plaats op te gaan voor organisaties. Groeiende afzetmarkten, expanderende bedrijven, sterker wordende concurrentie, privatisering, deregulering, fusies en de opkomst van netwerkorganisaties en nieuwe technologieën hebben ertoe geleid dat verandermanagement niet meer weg te denken is uit onze organisaties. Grote nieuwe (arbeids)markten doemen op en nieuwe technologieën hebben bestaande businessmodellen op het hakblok gelegd.[39] Maar tot op de dag van vandaag heeft nog geen onderzoek aangetoond dat verandertrajecten succesvoller zijn geworden dan zo'n twintig jaar geleden.[40] Het tegenovergestelde lijkt eerder waar. Diverse studies tonen aan dat meer dan 50%, sommigen beweren zelfs meer dan 70%, van de geplande organisatieveranderingen voortijdig stopt of uiteindelijk mislukt.[41]

Het belang van aanpassingsvermogen

De snelheid waarmee organisaties zich moeten aanpassen neemt exponentieel toe. Gemiddeld genomen bestaan ze ook steeds minder lang. Claudio Feser stelt in zijn boek *Serial Innovators: Firms that change the world*, dat de gemiddelde levenscyclus van ondernemingen in Amerika tegenwoordig nog maar vijftien jaar is, terwijl dit halverwege de eeuw nog ongeveer vijfenveertig jaar was. Als we de lijn doortrekken zou de levenscyclus in de nabije toekomst zomaar eens vijf tot tien jaar kun-

> 'Het is niet de sterkste in zijn soort die overleeft, noch de meest intelligente, maar degene die het meest openstaat voor verandering.'

Charles Darwin, Brits natuurwetenschapper (1809-1882)

nen zijn.[42] Willen organisaties en teams kunnen overleven dan zal aanpassingsvermogen het sleutelwoord zijn.

Aanpassingsvermogen betreft overigens een onderwerp waar niet alleen organisaties met een lange en rijke geschiedenis mee worstelen, maar ook start-ups, jonge en reeds volwassen organisaties. Alles draait om aanpassingsvermogen. Of beter gezegd: alles *blijft* draaien om aanpassingsvermogen. Verandering is immers van alle tijden. Het enige wat vandaag de dag echter echt is veranderd, is de snelheid van die veranderingen, veelal veroorzaakt door informatietechnologie. Deze technologische veranderingen zijn daarbij niet lineair, maar exponentieel gebleken. We moeten ons als mens en organisaties steeds sneller kunnen aanpassen aan de steeds grotere, snellere en meer ingrijpende veranderingen, zo schrijft ons ook de Wet van Moore voor. Een wet die bepaalt dat de kracht van computerchips elke twee jaar verdubbelt. Om succesvol te blijven zullen we ons moeten aanpassen van lineaire naar exponentiële groei met alle gevolgen en toepassingen van dien.

's Werelds grootste en snelst groeiende mediabedrijf (Facebook) bezit geen content, 's werelds grootste taxibedrijf (Uber) geen auto's, 's werelds grootste retailbedrijf (Alibaba) geen voorraden en 's werelds grootste aanbieder van overnachtingen (Airbnb) geen onroerend goed. Nieuwe toetreders ontstaan steeds sneller en kunnen door handig gebruik van informatietechnologie in een mum van tijd een grote marktpositie veroveren. Aan deze exponentiële groei zitten vanzelfsprekend ook keerzijden. Bijvoorbeeld voor concurrenten die niet in staat zijn mee te veranderen.

VUCA

In de VS wordt tegenwoordig veelvuldig het begrip 'VUCA' gebruikt, een term die ook in Nederland steeds meer opgang maakt. De vier letters in het acroniem komen van de Engelse termen:
- *volatile* (snel veranderend);
- *uncertain* (onzeker);
- *complex* (complex);
- *ambiguous* (vaag/dubbelzinnig).

VUCA is de snel veranderende wereld waarin wij ons als individuen en organisaties op dit moment bevinden, die zich kenmerkt door een hoge mate van onzekerheid en complexiteit. VUCA geeft ook het belang aan van aanpassingsvermogen nu het steeds lastiger wordt om plannen met een tijdspanne van vijf of tien jaar tot in detail uit te werken. Alles verandert steeds sneller en kleine factoren kunnen steeds grotere en meer complexe gevolgen hebben, daarom is het zaak om als persoon en organisatie flexibeler te worden, te zijn en te blijven. Zo kun je snel en makkelijk aanpassingen doen die een positief effect hebben op je belangrijkste stakeholders.[43]

'Intelligence is the ability

Stephen Hawking (1942)

Ingrijpende veranderingen

Denk bijvoorbeeld aan de ontwikkelingen bij organisaties als Nokia en Kodak. Hoewel Nokia zichzelf verschillende keren opnieuw uitvond en transformeerde van fabrikant van houtpulp, naar fabrikant van rubberproducten, naar fabrikant van personal computers en mobiele telefoons, miste het bedrijf uiteindelijk toch een cruciale slag. Terwijl de Finse telefoonfabrikant een recordjaar kende in 2007 en lange tijd veruit marktleider was, bracht een gebrek aan innovatiekracht het bedrijf aan de rand van de afgrond. Het wachtte te lang met de overstap naar een nieuw besturingssysteem, waardoor Apple en Google de Finnen snel voorbij konden streven. Ondanks de lange historie van verandering zorgde een te langzame innovatie binnen enkele jaren voor een marginalisering van het eens zo gerenommeerde wereldmerk.[44]

Tribes

Veel organisaties zijn momenteel druk doende zich zo wendbaar mogelijk te maken, bijvoorbeeld door zich als *tribes* in te richten. **Agile** organisaties werken met diverse *squads*, dat wil zeggen kleine multidisciplinaire en zelfsturende teams die uit maximaal negen personen bestaan. Al deze squads hebben een eigen doelstelling en ze dragen volledige

to adapt to change.'

verantwoordelijkheid voor het behalen daarvan. In een squad werken collega's samen vanuit alle disciplines die nodig zijn om de opdracht goed te volbrengen. Als de opdracht is afgerond, wordt de squad weer ontbonden en gaan de leden in andere squads aan de slag.

Nieuwe manieren van organiseren zoals agile management en het werken in tribes – methodes die we kennen uit bedrijven als Spotify, Netflix, Google en ING – zijn voor veel organisaties revolutionaire en ingrijpende veranderingen. Maar wijzigingen in organisatiestructuren en -methodieken blijken geenszins een garantie voor succes, zo weten we uit veelvuldig onderzoek.[45] Uiteindelijk zijn het altijd de medewerkers die wel of niet in staat blijken om in de nieuwe werkwijze te kunnen functioneren. Niet iedereen beschikt immers in gelijke mate over het vermogen om zich aan te kunnen passen. Succesvol verandermanagement in organisaties is grotendeels afhankelijk van het aanpassingsvermogen van haar professionals.

Agile talent

Volgens een rapport van het World Economic Forum uit 2016 zal binnen vijf jaar maar liefst 35% van de skills die nu cruciaal zijn voor professionals wezenlijk veranderen. Volgens *Harvard Business Review* mist 70% van de toppresteerders van nu de kwaliteiten die nodig zijn voor hun toekomstige rollen.[46]

Een belangrijke nieuwe voorwaarde voor duurzaam presteren, aldus Ralf Knegtmans (auteur van het boek *Agile Talent*), betreft dan ook het vermogen van bedrijven om in te spelen op technologische ontwikke-

lingen en het kunnen aantrekken en inzetten van toekomstig, oftewel agile talent. Knegtmans definieert agile talent daarbij als talent dat in staat is om zich snel aan te passen aan nieuwe omstandigheden en op die manier toekomstbestendig is. Deze leergierige en innovatieve professionals vernieuwen een bedrijf van binnenuit. 'Alleen door middel van dit talent kunnen bedrijven zelf meer agile worden', aldus Knegtmans.[47] Agile bedrijven bestaan bij de gratie van agile talent. Omdat onze wereld zo snel verandert, zijn er ook andere mensen nodig, zo beweert Knegtmans. 'Dat vraagt om andere selectiecriteria.'
Ook het hoger en universitair onderwijs zal daarop moeten inspelen. Kennis veroudert immers snel. We leiden momenteel mensen op voor beroepen waarvan we weten dat ze verdwijnen. Het hoger onderwijs lijkt veelal nog te zijn ingericht als een negentieneeuwse fabriek, die de student op een lopende band van een curriculum zet. 'De uitval is 35% en wie de eindstreep haalt, krijgt een diploma. Zo krijgen we het levenlanglangleren niet van de grond', aldus Henk Hagoort, voorzitter van het college van bestuur van Hogeschool Windesheim. Hoogleraar financiele economie Sylvester Eijffinger, die als voorzitter van Tilburg University Society het universiteitsbestuur adviseert over vernieuwing van de curricula: 'Wij moeten ons realiseren dat de functies waarvoor wij opleiden over vijf of tien jaar niet meer aansluiten op de arbeidsmarkt. We moeten opleiden voor competenties, niet voor banen.'[48]

Hoe belangrijk is het aanpassingsvermogen van professionals voor hun eigen prestaties en dat van hun organisaties al op dit moment, zo vroeg ik me af. En terwijl ik mezelf deze vraag stelde, vroeg ik me tegelijkertijd af of hij niet retorisch was ...

Uitkomsten van het onderzoek

In dit onderzoek werd aanpassingsvermogen gedefinieerd als de (verander)bereidheid en het vermogen van een persoon om zich aan te passen aan een veranderde omgeving, werkwijzen, werktijden, taken, verantwoordelijkheden en gedragingen van anderen. Veranderbereidheid werd hierbij overeenkomstig Cozijnsen en Vrakking[49] gedefinieerd als een positieve gedragsintentie van een medewerker ten aanzien van de invoering van veranderingen in de structuur, cultuur of werkwijze van een organisatie of afdeling, resulterend in een inspanning van de kant van de medewerker om het veranderproces te ondersteunen, dan wel te versnellen.

Aanpassingsvermogen van professionals blijkt inderdaad van het grootste belang voor duurzaam presteren, zo blijkt (ook) uit dit onderzoek. Zowel voor persoonlijk presteren als ook voor presteren in teamverband blijkt aanpassingsvermogen van cruciaal belang. Op zelfeffectiviteit (hoofdstuk 5) na zelfs de belangrijkste factor!

Diverse studies en onderzoeken[50] laten zien dat aanpassingsvermogen een persoonskenmerk betreft dat niet of nauwelijks aan te leren is door een cursus of training. Sommige professionals voelen meer weerstand bij veranderingen omdat zij inconsistentie ervaren. Dingen gaan niet meer zoals ze verwachten. En als die veranderingen ook nog eens door anderen worden opgelegd, bijvoorbeeld bij een reorganisatie, dan kan dat gepaard gaan met grote onrust, onzekerheid en improductiviteit. De ene persoon is (veel) beter in staat tot aanpassen dan anderen, zo blijkt uit diverse onderzoeken. Zoals Roy Baumeister dat ook in verband met wilskracht concludeerde; je kunt aanpassingsvermogen wellicht iets trainen en tot een bepaalde hoogte verbeteren, maar eens knapt zij. Bij de een sneller dan, dan bij de ander.

De kunst voor leidinggevenden in snel veranderende organisaties lijkt dan niet alleen het creëren van draagvlak voor methodes als Agile en Scrum te zijn, of het sturen van medewerkers naar de gelijknamige opleidingen en trainingen, maar juist ook om medewerkers te selecteren die beschikken over dit belangrijke persoonskenmerk. De agility van een organisatie wordt immers grotendeels bepaald door de agility van haar medewerkers.[51]

De Nederlandse CEO's hadden echter nauwelijks oog voor het persoonskenmerk aanpassingsvermogen als selectiecriterium en waardeerden deze pas na elf (!) andere persoonskenmerken waarop zij professionals zouden aannemen. Een verrassende, zelfs schokkende uitkomst gezien het cruciale belang van aanpassingsvermogen voor het overlevingsvermogen van organisaties en het gegeven dat aanpassingsvermogen als persoonskenmerk slechts lastig te verbeteren valt.

'De best teacher both in art and science is the Experience.'

Miguel de Cervantes (1547-1616)

5 Zelfeffectiviteit

'De beste presteerders zijn zij die blijven doorgaan op paden waar hun talenten en krachten liggen en waarin zij zelfeffectief en origineel blijken', aldus Adam Grant in zijn boek *Originals*. Adam Grant (1981) is hoogleraar aan Wharton en een gelauwerd onderzoeker en op het gebied van management en psychologie. Hij promoveerde summa cum laude aan Harvard, waar hij werd onderscheiden met het John Howard Scholarship voor zijn onderzoek. Hij is uitgeroepen tot een van de vierhonderdveertig beste psychologen ter wereld.

Adam Grant bestudeerde veertien jaar lang ruim vijfduizend ondernemers en vond dat alle succesvolle ondernemers zich hielden aan slechts een paar regels. De belangrijkste vijf daarvan zijn:
1. Blijf je steeds afvragen wat er nog niet – of niet op deze wijze – is gedaan, en waarom niet.
2. Word een ideeënmachine: blijf doen en blijf ontwikkelen.
3. Benoem daarbij je zwakke punten en leer deze zo min mogelijk te gebruiken.

4. Gebruik je sterke punten om steeds meer ervaren te worden in jouw specialisme.
5. Blijf je doel – je waarom – steeds voor ogen houden!

De uitkomsten van Adam Grant lijken volledig overeen te komen met wat Ericsson en anderen in hun studies vonden: deliberate practice, bewuste oefening is cruciaal voor duurzaam presteren. Die dingen doen en blijven herhalen die bij jouw passie en sterke punten passen en bewuste keuzes in tijd en energie maken om je van een acht naar een tien te ontwikkelen. Waarbij telkenmale geldt: moed moet. Falen hoort erbij.

Het mijden van risico's

'Spijt van niet doen is erger dan wel doen. Falen kan ik accepteren', aldus basketballegende Michael Jordan. 'Iedereen faalt eens op een gegeven moment. Maar niet proberen, dat is voor mij niet acceptabel. Ik heb zeker 9000 shots gemist in mijn leven, ik heb meer dan 300 wedstrijden verloren, 26 keer werd ik vertrouwd en in staat gesteld om met een beslissende shot de wedstrijden te winnen, die ik miste, steeds weer heb ik gefaald in mijn leven. En daarom was ik succesvol.'

Succesvolle ondernemers, maar ook sportlegendes, topartiesten, wetenschappers en andere uitmuntende personen, zo geeft Adam Grant aan, zijn daarbij juist geen risiconemers zoals velen denken. Het woord 'entrepreneur' betekent zelfs letterlijk 'het mijden van risico's', zo leert Grant ons. Wat succesvolle ondernemers delen, concludeerde hij na veertien jaar onderzoek, is het najagen van originaliteit, waarbij alle andere factoren zo zeker en zo stabiel mogelijk werden gehouden. Om zelfeffectief te kunnen zijn op juist die onderdelen waar je sterkste punten liggen.

De 'rebel' Steve Jobs bijvoorbeeld, verliet pas zijn baan en studie toen hij al enkele jaren bezig was om zijn software-ideeën te ontwikkelen. Larry Page, de bedenker en oprichter van Google bleef nog jaren doorstuderen aan Stanford, voordat hij daadwerkelijk zijn onderneming startte en daar al zijn tijd en energie in stak. En zo ook bijvoorbeeld Henri Ford die zijn ideeën voor een te ontwikkelen auto al tijden vorm had gegeven, maar desondanks nog twee jaar bij Thomas Edison in loondienst bleef werken voordat hij daadwerkelijk durfde op te zeggen. Allen hadden ze onbewust het gevoel dat hun idee zich eerst verder moest uitkristalliseren, dat ze meer specifieke domeinervaring moesten opdoen, voordat alles opzij kon worden geschoven om unieke prestaties te kunnen leveren.[52] Oefening baart kunst, zo concludeerde ook Adam Grant.

Domeinspecifieke kennis is macht

Waarom verliest een computer als IBM's wereldberoemde Deep Blue, die 200 miljoen posities per seconde analyseert, nog steeds schaakpartijen van grootmeesters? Het antwoord ligt in het gegeven dat mensen over kennis beschikken die computers niet kunnen beheersen. 'Diepe kennis', zoals dat wordt genoemd door computerwetenschappers als Cohen en Feigenbaum.[53] Het belangrijkste ingrediënt in elk expertsysteem is kennis. Waarbij net zoals bij ervaring geldt: niet alle kennis is even belangrijk. Het gaat om domeinspecifieke kennis. 'In het beschikken over de juiste kennis zit de macht', aldus Geoff Colvin.

De Nederlandse psycholoog, Adriaan de Groot, onderzocht in welke opzichten schaakspelers van wereldklasse in kennis verschilden van gemiddelde spelers. Verbazingwekkend genoeg leken topperformers niet meer verschillende zetten te overwegen dan gemiddelde spelers, of in zetten veel verder vooruit te kijken. Waarin verschilden ze dan wel? Spelers van wereldklasse bleken over meer, veel meer, specifieke schaakkennis te beschikken dan gemiddelde spelers. Niet een beetje meer, maar wel tot een factor honderd meer. En deze kennis hebben zij ook nog eens beter georganiseerd, waardoor zij er sneller over kunnen beschikken. Hierdoor lossen zij vergelijkbare posities op fundamenteel andere wijze op dan gemiddelde spelers.

Het tegenovergestelde fenomeen zie je vaak in het bedrijfsleven. Veel gemiddeld presterende bedrijven geven hun medewerkers – en vooral aanstormende leidinggevenden – de gelegenheid om op vele plekken in het bedrijf te werken om zo alle aspecten van het bedrijf te leren kennen. Bij uitstek uitstekend presterende organisaties laten hun leidinggevenden juist heel lang in hetzelfde domein werken. Zij kennen hun vakgebied en netwerk daardoor tot in elk detail. De meest succesvolle bedrijven leiden hun managers dan ook juist domeinspecifiek op.[54] De meeste succesvolle leiders blijken juist die leiders te zijn die deze 'diepere' kennis bezitten. Deliberate practice en zelfeffectiviteit, dat maakt het verschil. Met bewuste oefening bouw je binnen jouw vakgebied die specifieke kennis en vaardigheden op die je nodig hebt om duurzaam te kunnen presteren. Door jezelf steeds opnieuw uit te dagen en je verder te bekwamen op je sterke punten smeed je een houding die later als onbewust bekwaam kan worden bestempeld: zonder je ervan bewust te zijn heb je meer kennis en informatie ontvangen dan anderen en hoef

---

'The only way to fail for me

Garry Kasparov (1963)

je op cruciale momenten minder te zien (pagina 87) dan wat anderen nodig hebben. Je reageert als vanzelf op de juiste wijze.

Want bedenk, wat heb je aan al die kennis als je haar op het moment suprême – soms een fractie van een seconde – niet kunt achterhalen? Duurzaam presteren lijkt bekwaamheid te vereisen op je sterkste punten. En juist die vaardigheid moet je bewust oefenen om er ook op te durven en kunnen vertrouwen.

Wat is zelfeffectiviteit?

Wat is nu precies zelfeffectiviteit? Zelfeffectiviteit betreft het vertrouwen van een persoon in de eigen bekwaamheid om met succes invloed uit te oefenen op zijn of haar omgeving door een bepaalde taak te volbrengen of een probleem op te lossen, aldus Albert Bandura, die de Self-Efficacy Theory (zelfeffectiviteit) heeft opgesteld.[55] Zelfeffectiviteit wordt als een van de belangrijkste elementen gezien binnen theorieën over motivatie. Personen zijn sneller gemotiveerd voor een bepaalde handeling als zij het idee hebben dat zij de bekwaamheid hebben om deze met succes te verrichten. Zij zullen volgens Albert Bandura, die de Self-Efficacy Theory (zelfeffectiviteitstheorie) heeft opgesteld, het gedrag sneller ontplooien en doorzetten. Zelfeffectiviteit heeft invloed op vele gebieden, zoals de motivatie voor het onderwijs en de beroepskeuze.

is just not to try.'

Zelfeffectiviteit verschilt van zelfvertrouwen in zoverre dat zelfvertrouwen het vertrouwen in jezelf betreft, en zelfeffectiviteit de ingeschatte vaardigheid voor het verrichten van een bepaalde taak betreft. Het verschilt van het begrip 'efficiëntie' omdat het niet over de werkelijke efficiëntie van een persoon gaat maar over zijn vertrouwen in zijn efficiëntie.

Als mensen met een hoge zelfeffectiviteit slagen in een bepaalde doelstelling, is er een goede kans dat ze in het vervolg een nog lastiger doel zullen kiezen, zo stelt de theorie. En als een doelstelling niet behaald wordt, verschilt het per persoon hoe deze reageert: met hernieuwd commitment, met vertwijfeling of met apathie. Hierin is zelfeffectiviteit een belangrijke factor. Resultaten kunnen zelfversterkend werken: slaagt een persoon niet in het behalen van een volgend doel, dan kan dat zijn zelfeffectiviteit verminderen, waardoor zijn kans om weer een volgend doel te behalen door lagere motivatie nog lastiger wordt. Omgekeerd kan het succesvol behalen van doelen de zelfeffectiviteit en daarmee de toekomstige slagingskans vergroten.

Doelbewuste oefening en zelfeffectiviteit

Maar hoe is deliberate practice hierbij effectief in de praktijk te brengen? Diverse studies laten zien dat door steeds weer de juiste oefeningen te herhalen en keer op keer in de praktijk te brengen, een gemiddelde professional kan transformeren in een exceptionele presteerder.[56] Juist bedrijven en individuen die weten wat er nodig is om elke dag opnieuw de kleine stapjes naar continue verbetering te nemen, weten unieke prestaties te behalen. Van klein naar groot en van het cijfer acht naar een tien: het vereist doelbewuste oefening en zelfeffectiviteit.

Volgens Colvin kan in zijn algemeenheid worden gesteld dat oefening simpelweg het continu pushen van jezelf betreft, waarbij bewuste oefening de oefening betreft voorbij het punt dat een normaal persoon doet.[57] Meer specifiek gesteld: continu oefenen op je sterke punten, waardoor je meer ontvangt, meer weet en meer onthoudt. Bewuste oefening van jaren waarbij volgens Colvin zelfs het lichaam en brein van het individu veranderen. Laten we deze drie aspecten eens verder onder de loep nemen.

Toppresteerders zien minder en begrijpen meer

Toppresteerders ontvangen door deliberate practice meer relevante informatie. In zijn boek *Blink: The power of thinking without thinking* beschrijft bestsellerauteur Malcolm Gladwell hoe sommige topsporters in staat blijken om onwaarschijnlijke reactietijden te realiseren. Tennisspelers die al voorafgaand aan de opslag van hun tegenstander de richting van de geserveerde bal wisten te voorspellen. Topspelers die zichzelf voorbij het punt van normale oefening hadden gebracht en zich niet meer focusten op reactiesnelheid en reactietijd – deze zijn door natuurwetten begrensd – of op de bal zelf – ook deze ging voor hen te snel zodra deze geserveerd werd door 's werelds beste serveerders – maar op de lichaamstaal van hun tegenstander. Onderzoekers toonden aan dat de ogen van deze 'bewuste beoefenaren' vlak voor het moment van serveren niet meer gericht waren op de bal, maar juist op de heup, schouders en armen van de serveerder. Door de bal 'los te laten' wisten ze de richting ervan te voorspellen en bleken ze in staat om tijdig te reageren op ballen die qua snelheid en natuurlijke reactietijd normaliter onmogelijk te retourneren waren. Andere onderzoekers toonden een groep gemiddelde spelers en een groep van topspelers afzonderlijk een film waarbij honderden opslagen werden afgedraaid. Beide groepen kregen de opdracht te voorspellen waarheen de bal zou worden gespeeld. De groep van gemiddelde spelers had geen idee, maar de beste spelers voorspelden dit nauwkeurig en waren daardoor in staat de bal te retourneren. Zij bleken in staat om sneller te reageren, zonder hun reactietijd te verbeteren. Ze wisten waar de bal zou komen.

Dit fenomeen van minder zien en meer begrijpen is later in vele andere onderzoeken teruggevonden. Niet alleen in sport, ook in vele andere activiteiten. Colvin beschrijft in zijn boek *Talent is Overrated* de activiteit typen als voorbeeld. De snelste typisten zijn zo snel omdat zij in staat zijn hun teksten vooruit te lezen in plaats van op hun vingers te kijken voor de tekst die zij op dat moment moeten produceren. En voor jongleren geldt hetzelfde: de beste jongleerders kijken (juist) niet naar de ballen, maar naar het traject dat deze ballen afleggen. Zodra het traject van vorm verandert, een foutje, wordt er bijgestuurd, waardoor zij veel meer ballen of kegels weten hoog te houden. Door minder te zien, zien zij juist meer!

In een studie binnen een ziekenhuis werd bijvoorbeeld onderzocht hoe röntgenscans door radiologen werden geïnterpreteerd. In dit specifieke geval is de reactietijd minder belangrijk, het belang van de juiste interpretatie daarentegen des te meer. Zowel expertradiologen als eer-

'Je mist honderd procent van

Wayne Gretzky, Canadees ijshockeyspeler (1961)

ste- en vierdejaarsstudenten werd in onderzoeken gevraagd naar de juiste beoordeling van diverse voorgelegde röntgenfoto's, waarbij hen werd meegegeven dat tijd geen factor betrof. De juiste beoordeling, dat was het allerbelangrijkste. De voorbeeldröntgenfoto's betroffen diverse serieuze aandoeningen, zoals tumoren of een geklapte long.
Het zal geen verbazing wekken dat de groep experts het onderzoek het beste volbracht. In het beoordelen van de scans bleken domeinspecifieke experts beter in staat om de meest minieme aspecten te beoordelen. Zij hadden geen aantoonbaar scherpere ogen dan beide andere groepen, maar konden details beter beoordelen en samenbrengen tot een oordeel dat op het eerste gezicht niet voor de hand lag.

Hetzelfde gebeurde bij een onderzoek onder piloten en muzikanten. Geoefende deelnemers bleken beter in staat om voorbij het punt van beschouwing te kijken. Toppresteerders 'zien' minder en daardoor juist meer en begrijpen het belang van indicatoren, die gemiddelde presteerders niet opmerken. Soms liggen die indicatoren voor de hand, soms niet. Laura Rittenhouse bijvoorbeeld, financieel analiste, toonde aan dat hoe vaker een jaarverslag het woordje 'ik' in zich droeg, hoe slechter de toekomstige prestatie van dit bedrijf was. Oftewel: *egomaniacs are bad news*. Het vinden van dit soort – vaak niet voor de hand liggende – indicatoren vereist extensieve oefening en ervaring.

de kansen die je nooit grijpt.'

Toppresteerders kijken in de toekomst

Topprofessionals weten meer omdat ze vaak letterlijk in de toekomst kijken. Topmuzikanten lezen hun teksten vooruit en de beste typisten doen hetzelfde. De kracht van het vooruitkijken ligt in het verkrijgen van een nieuw perspectief bovenop hetgeen wat nu voorhanden is. Dit extra perspectief maakt het verschil tussen gewoon en buitengewoon presteren. Steve Jobs wist al waarheen hij wilde voordat hij zijn nieuwe producten uitvond of liet uitvinden. Het ging niet om het product, maar om wat het product mogelijk zou moeten maken. Hoewel het product er simpelweg nog niet was, was de invulling in het hoofd van Steve Jobs allang daar. Oefening baart kunst. Steve Jobs is voor mij dan ook een waar voorbeeld. Zijn grote kracht was dat hij een extra perspectief had ontwikkeld door vele jaren van deliberate practice. En ditzelfde gold voor Wolfgang Amadeus Mozart, Tiger Woods, de Hongaarse zusjes Polgar en tegenwoordig onze eigen Max Verstappen. Vele jaren van bewuste oefening gaven en geven hen het extra perspectief om vooruit te kunnen kijken om onwaarschijnlijke muziekstukken, golfslagen, schaakzetten en rondetijden te kunnen produceren.

Toppresteerders weten meer door juist minder te zien

Het aspect van meer weten door juist minder te zien blijkt cruciaal voor succes in elk domein van ons leven. Omdat we nooit zoveel informatie ontvangen en kunnen beschouwen als we zouden willen om een goede afweging te kunnen maken, gaat het erom de juiste beslissing te nemen in de minst benodigde tijd. Of het nu gaat om chirurgen op de spoedeisende hulp, om politieagenten die in noodsituaties moeten optreden of om sportprofessionals die in een fractie van een seconde moeten reageren, de vaardigheid om snel en juist te kunnen reageren is een absoluut concurrentievoordeel. De achterliggende vaardigheid betreft het onbewust bekwaam (hoofdstuk 10) kunnen inschatten van de juiste succesindicatoren op dat specifieke moment. Toppresteerders weten intuïtief de juiste aspecten goed te onderscheiden. En juist voor deze vaardigheid is bewuste oefening nodig, zo lijkt het.

Een krachtige combinatie

Zelfeffectiviteit tezamen met bewuste oefening, als bron van constante verandering, en als meest krachtige brandstof die zorgt voor duurzame prestaties. Hoe krachtig deze combinatie wel niet is, blijkt ook uit onderzoek naar bijvoorbeeld fysieke veranderingen van duurzame presteerders. Bij ervaren en op hoog niveau presterende duursporters werd bijvoorbeeld geconstateerd dat hun hart groter dan gemiddeld was. Een eigenschap die eerder werd aangeduid als een natuurlijk voordeel – talent mogelijk – bleek later het resultaat van intensieve training. Wanneer deze professionals stopten met training, veranderde ook hun hart weer naar normale proporties. Topatleten bleken niet alleen de grootte van hun hart te veranderen, maar ook de compositie daarvan (de hoeveelheid snelsamentrekkende zenuwvezels ten opzichte van langzame).

Zelfs onze hersenen blijken in staat van samenstelling te veranderen. Wanneer kinderen bijvoorbeeld beginnen met het praktiseren van muziek verandert hun brein. De hersenregio's die vingercontrole ontwikkelen, nemen zichtbaar meer ruimte in beslag dan bij kinderen die dit niet oefenen. Een studie onder Londense taxichauffeurs laat bijvoorbeeld zien dat chauffeurs die minimaal twee jaren hadden geoefend een brein ontwikkelden dat meer gegroeid was op het onderdeel dat ruimtelijk inzicht en navigatie bestuurde. Hoe kan dat? Volgens onderzoek komt dat met name door een lichamelijke substantie genaamd myeline. Een substantie die zenuwvezels en neuronen beter laat functioneren.[58]

> ## Myeline
>
> Myeline is een vettige stof die op veel plaatsen in het zenuwstelsel het axon omhult. Myeline geeft de stof zijn witte kleur. Het zorgt ervoor dat boodschappen sneller worden doorgestuurd (van 2 m/s naar maximaal 120 m/s); zonder myeline zou een dergelijke impuls er veel langer over doen om via het axon de 'volgende' zenuwcel te bereiken. In het bijzonder voor lange afstanden (bijvoorbeeld het perifere zenuwstelsel) is dit van cruciaal belang. De myelineschede bestaat uit een vele malen om het axon gerolde, dubbele lipidenlaag, zoals die ook in celmembranen voorkomt (ontdekt door middel van structureel elektronenmicroscopisch onderzoek). Naast het helpen bij de boodschap overdracht zorgt myeline er ook voor dat een elektrisch signaal niet overspringt naar een zenuwcel waar het niet voor bedoeld is en zo kortsluiting veroorzaakt.
>
> Het brein van professionele pianisten bijvoorbeeld, vertoont verhoogde myeline op de voor pianisten meest relevante plekken van het brein. Onderzoek laat daarbij ook zien dat de opbouw van myeline een zeer langzaam proces betreft. Opnieuw een indicatie hoe bewuste oefening lijkt te werken: een proces van jaren om uiteindelijk onbewust bekwaam (hoofdstuk 10) te kunnen worden. Kleine stapjes, die uiteindelijk een groot verschil kunnen maken.

> Het onderzoek naar myeline bevindt zich nog in een vroeg stadium, maar alles lijkt erop te wijzen dat juist deze lichamelijke substantie weleens de fysieke verbinding tussen intensieve oefening en excellente prestatie kan vormen.

Uitkomsten van het onderzoek

Maar hoe belangrijk is zelfeffectiviteit nu eigenlijk? Zelfeffectiviteit betreft de nummer 1-voorspeller van duurzaam presteren, blijkt uit dit onderzoek! Precies zoals Bandura het beschreef. Zelfeffectiviteit als motor voor duurzame prestaties.

Wat kunnen en moeten wij met deze uitkomst? En wat kunnen wij hiervan leren? Allereerst dat zelfeffectiviteit niet een gegeven is – je hebt het wel of je hebt het niet – maar een houding. Zelfeffectiviteit is een houding vanuit positief denken, zo stelt Bandura. Vanuit optimisme, de nummer 4-prestatie-indicator, zo zou je ook kunnen zeggen, om te vertrouwen op je eigen bekwaamheid om een bepaalde taak te kunnen volbrengen. Juist dit uitgangspunt maakt de belangrijkste uitkomst van dit onderzoek zo interessant. Professionals met het juiste karakter weten niet alleen nu al te vertrouwen op hun vaardigheden, maar weten ook door bewuste oefening hun vaardigheden verder te bekwamen, zodat zij in de toekomst hun prestaties voor zichzelf en voor hun organisaties verder kunnen verbeteren. Er bestaan geen supertalenten.

De Nederlandse CEO's hadden nauwelijks oog voor de nummer 1-voorspeller van prestaties en waardeerden de prestatie-indicator zelfeffectiviteit pas na negen andere persoonskenmerken waarop zij professionals zouden selecteren!

'If I have the belief I can do it, I shall surely acquire the capacity to do it, even if I may not have it at the beginning.'

Mahatma Gandhi, Indiaas politicus (1869-1948)

FOTO: Hulton Archive / Getty Images

6 Bevlogenheid

Wat maakt iemand bevlogen en binnen welke condities kan hij optimaal presteren? En is bevlogenheid aan te leren en/of te stimuleren? Allemaal vragen die ons in de dagelijkse praktijk zouden kunnen helpen om met meer energie en plezier duurzame prestaties te behalen. Of juist die dingen niet meer te doen waarvan we alleen maar stress en negatieve energie krijgen. In welke mate moet je vitaliteit, toewijding en absorptievermogen (de drie elementen van bevlogenheid) aan de dag leggen om die energie en passie elke dag weer omhoog te kunnen halen?

En hoe belangrijk is bevlogenheid voor duurzaam presteren? Mijn derde hypothese luidde als volgt:

Hypothese 3

Het in meer of mindere mate beschikken over bevlogenheid beïnvloedt de relatie tussen talent en presteren in positieve of negatieve zin.

```
                    Bevlogenheid
           H3  ↗           ↓
                  H1
    Talent  ─────────→   Prestaties
```

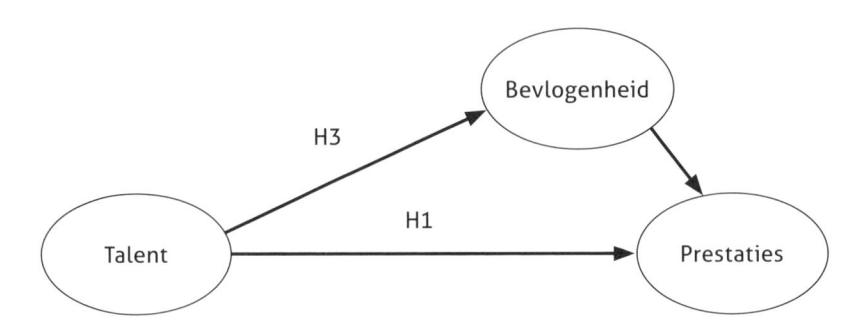

FIGUUR 5. **HYPOTHESE 3**

Succes door enthousiasme

Onderzoek naar bevlogenheid laat onomstotelijk zien dat elk succes van een organisatie te herleiden is tot het enthousiasme en de passie van de werknemers. Bevlogen werknemers werken harder en zijn doelgerichter.[59] Iets wat organisaties in deze tijden goed kunnen gebruiken. Meer doen, met minder mensen.

Bevlogen werknemers zijn dan ook zeer vitaal en geven vol zelfvertrouwen richting aan hun eigen leven.[60] En ze creëren veel waarde voor hun werkgevers. Maar niet alleen voor hun werkgevers: bevlogen personen wisselen bijvoorbeeld makkelijker van baan als zij niet uitgedaagd worden en/of creëren hun eigen positieve feedback door een positieve houding en hoge actieradius aan te nemen. Bevlogen individuen zijn in staat om hun angsten te overwinnen en om de volgende stap te zetten richting hun einddoel.

De theorie van bevlogenheid

Sinds Einstein weten we dat energie aan de basis staat van alle dingen. Zonder energie zijn er geen grondstoffen, is er geen arbeid en zijn er geen eindproducten. Energie is de kern van alles in de wereld om ons heen. Voor de productie van elk goed dat in de winkel ligt, is energie nodig. Om dingen te bereiken, moet je dan ook energie aanboren, het liefst heel veel. En je moet *doen*, niet stil blijven zitten.

De theorie van bevlogenheid[61] stelt dat een bevlogen medewerker over een uiterst positieve houding beschikt die wordt gekenmerkt door een ongekende levenslust, energie, zin om te werken en er vol voor willen gaan. Bevlogenheid is een positieve, affectief-cognitieve toestand van opperste voldoening.

Bevlogenheid is een levenshouding die betekent dat je probeert om met zo veel mogelijk vitaliteit, toewijding en absorptievermogen zoveel mogelijk uit je talenten en passies te halen als mogelijk is. *Leef bevlogen,*

'Success is the ability to go from one failure to the other with no loss of enthusiasm.'

Winston Churchill, Brits staatsman (1874-1965)

dan leef je gelukkig, zo verhaalt de theorie van bevlogenheid. Het gevoel hebben dat je precies die dingen doet waar je unieke talenten en interesses liggen en waarbij je optimaal gebruik kunt maken van persoonlijke en werkgerelateerde energiebronnen. Wie wil er niet bevlogen zijn? En welke leidinggevende wil er geen bevlogen medewerkers? In moeilijke tijden geeft bevlogenheid extra energie om stressvolle situaties het hoofd te bieden, waardoor juist deze werknemers goud waard blijken voor de organisatie waarin zij werken. Uit studies naar bevlogenheid blijkt echter dat nog geen 20 procent van de onderzochte werknemers deze arbeids- en levensvreugde volledig ervaart. Sterker nog, veel professionals gaven in eerdere onderzoeken aan dat zij door miskenning van hun talenten of door de starre arbeidsstructuur in een bedrijf hun bevlogenheid hebben voelen wegvloeien.

Opperste voldoening

De toestand van opperste voldoening wordt gekenmerkt door vitaliteit, toewijding en absorptievermogen, zo stelt de theorie van bevlogenheid. Drie begrippen waarvan het misschien niet direct duidelijk is wat ze inhouden:
- 'Vitaliteit' verwijst naar het bruisen van energie, zich sterk en fit voelen, lang en onvermoeibaar kunnen doorwerken.
- 'Toewijding' heeft te maken met een sterke betrokkenheid bij het werk; het werk wordt als nuttig en zinvol ervaren, is inspirerend en uitdagend, en roept gevoelens van trots en enthousiasme op.
- 'Absorptievermogen' ten slotte verwijst naar het op een plezierige wijze helemaal opgaan in het werk, waardoor de tijd stil lijkt te staan en het moeilijk is om er zich los van te maken.[62]

Wie bevlogen is, staat open voor nieuwe ideeën, is zowel fysiek als mentaal gezond, gaat op zoek naar zijn of haar authentieke talenten en begint elke dag met veel energie en levenslust aan weer een nieuwe werkdag. En dat is niet alleen fijn voor hem- of haarzelf, maar ook stimulerend voor alle directe collega's en goed voor de organisatie.

HELD'EN

Hoewel de definitie van bevlogenheid stond en staat als een huis[63] waren in 2013 mijn gedachten teruggegaan naar de link en mijn affiniteit met topsport en energie bij mijn begeleiding van jonge ambitieuze studenten naar toekomstige leiders. De nieuwe helden in mijn ogen: Hoog Energieke Leidingnemende Doeners.

Op een avond creëerde ik daarom mijn eigen definitie van bevlogen personen, mede ook omdat ik het aspect van het benutten van talenten in de theorie van bevlogenheid miste. Ik was voor mijn gevoel namelijk zelf steevast bevlogen, maar kon mijn energie niet altijd kwijt omdat ik mijn talenten niet goed gebruikte en soms richting miste. Toen ik zelf weer leiding nam over mijn eigen leven, vond ik mijn talenten en energie weer terug en toen pas verbeterden mijn prestaties echt. Het acroniem HELD komt uit deze achtergrond.

```
┌─────────────────────────┐  ┌─────────────────┐
│ Werkgerelateerde        │  │ Taakeisen       │
│ energiebronnen          │  │                 │
│                         │  │ • Werkdruk      │
│ • Autonomie             │  │ • Emotionele    │
│ • Feedback              │  │   taakeisen     │
│ • Sociale steun         │  │ • Mentale taakeisen │
│ • Coaching              │  │ • Fysieke taakeisen │
│                         │  └─────────────────┘
│                         │
│         ↓↑              │        ┌─────────────┐
│                         │        │ Bevlogenheid │      ┌───────────┐
│ ┌─────────────────────┐ │   ───→ │             │ ───→ │ Prestaties │
│ │ Persoonlijke        │ │        │ • Vitaliteit │      └───────────┘
│ │ energiebronnen      │ │        │ • Toewijding │
│ │                     │ │        │ • Absorptie  │
│ │ • Optimisme         │ │        └─────────────┘
│ │ • Eigenwaarde       │ │
│ │ • Stressbestendig   │ │
│ │ • Eigen effectiviteit│ │
│ └─────────────────────┘ │
└─────────────────────────┘
```

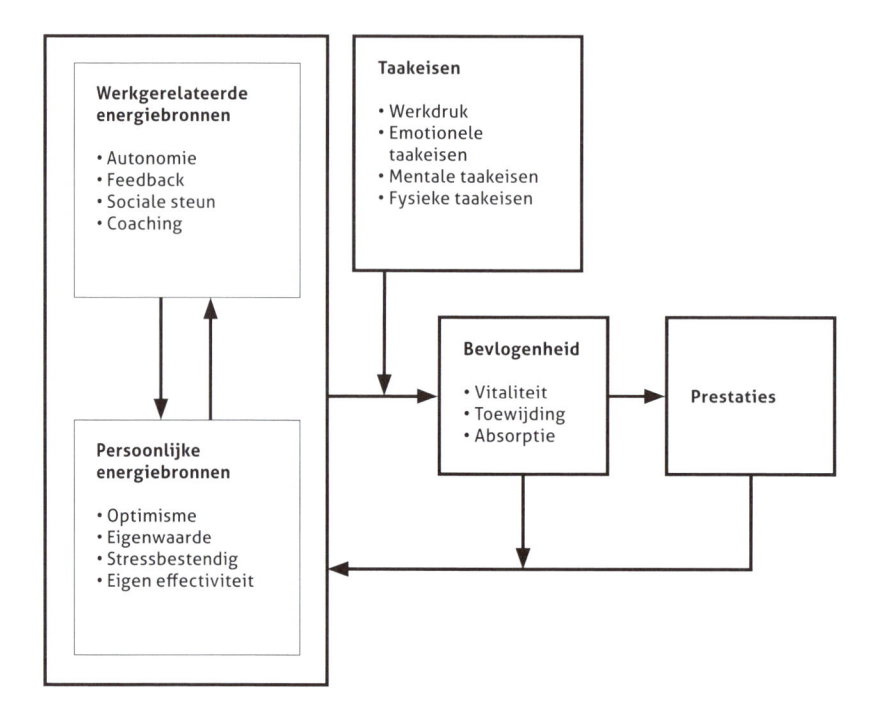

FIGUUR 6. **HET MODEL VAN BEVLOGENHEID**[64]

Bevlogenheid is een levenshouding die inhoudt dat je probeert om met zo veel mogelijk vitaliteit, toewijding en absorptievermogen uitzonderlijke prestaties te realiseren (figuur 6). En om alles uit je talent te kunnen halen, zo concludeerde ik na vele gesprekken met (voormalig)

'Imagination is more important

Albert Einstein, Duits-Zwitsers-Amerikaans natuurkundige (1879-1955) topcoaches, olympisch kampioenen en collega-wetenschappers, daarvoor is bevlogenheid hoogst noodzakelijk.

Persoonlijke energiebronnen

Longitudinale onderzoeken geven aan dat personen die eenmaal bevlogen zijn, ook bevlogen blijven.[65] Een conclusie die van grote waarde is voor het nastreven van deze positieve gemoedstoestand. Mensen met meer persoonlijke energiebronnen – energiebronnen waar je dus zelf verantwoordelijk voor bent, bijvoorbeeld optimisme, eigenwaarde, stressbestendigheid en zelfeffectiviteit – blijken beter in staat om hun eigenbelang te bewaken en blijven langer intrinsiek gemotiveerd.[66] Zij streven hun doelen na omdat die passen bij hun persoonlijke interesses en opvattingen en niet omdat anderen zeggen dat zij die doelen moeten nastreven. Rothmann en Storm vonden in 2003 een positieve relatie tussen persoonlijke energiebronnen en bevlogenheid bij politieagenten: zij bleken een actieve copingstijl te hebben. Zij waren probleemgericht en ondernamen actief stappen om hun stressoren weg te nemen en bevlogen te blijven.

Een belangrijk ander resultaat werd gevonden door Xanthoupoulou[67]: haar team van wetenschappers liet zien dat persoonlijke energiebronnen een wederkerige relatie hebben met werkgerelateerde energie-

than knowledge.'

bronnen. Naarmate medewerkers meer bevlogen waren, bleken zij de beschikking te krijgen over meer werkgerelateerde energiebronnen en vice versa. Energiebronnen als meer autonomie, coaching en teamsfeer bleken door optimisme en positieve energie afdwingbaar.

De aanstekelijkheid van bevlogenheid blijkt niet beperkt tot collega's op het werk en er lijkt sterk sprake van positieve besmetting van enthousiasme op anderen. Recente studies laten zien dat werknemers zelfs hun partner thuis kunnen beïnvloeden met hun enthousiasme.[68]

Bevlogenheid binnen (kennis)organisaties is dus cruciaal, zo blijkt uit veel, grootschalig en tevens mijn eigen (promotie)onderzoek.[69] Een wereldwijd onderzoek van bijvoorbeeld Gallup wijst uit dat bevlogenheid positieve effecten voor organisaties heeft zoals:
- minder verzuim (-37%);
- minder ongevallen (-49%);
- minder kwaliteitsdefecten (-60%);
- hogere klanttevredenheid (+12%);
- hogere productiviteit (+18%); en
- hogere winst (+16%).[70]

De bevlogenheid van medewerkers lijkt dus een niet te onderschatten element voor duurzaam presteren.

De aanwezigheid van talent lijkt een voorwaarde voor presteren, maar verklaart – geheel overeenkomstig de theorieën van Ericsson en Colvin – inderdaad slechts een klein deel van de gemeten variantie in presteren. De mate van bevlogenheid, het kunnen voldoen aan gestelde taakeisen en met name de aanwezigheid van bepaalde cruciale persoonskenmerken blijken vele malen belangrijker (zie bijlage II:

Belangrijkste uitkomsten van het onderzoek naar prestatie-indicatoren).

Mijn nieuwsgierigheid naar het belang van bevlogenheid en haar elementen vitaliteit, toewijding en absorptievermogen was onverminderd groot. In welke mate zijn deze elementen, naast talent en andere prestatie-indicatoren, vandaag de dag van invloed op duurzaam presteren?

P = Prestatie-indicator
V = Vitaliteit
AV = Absorptievermogen
T = Toewijding

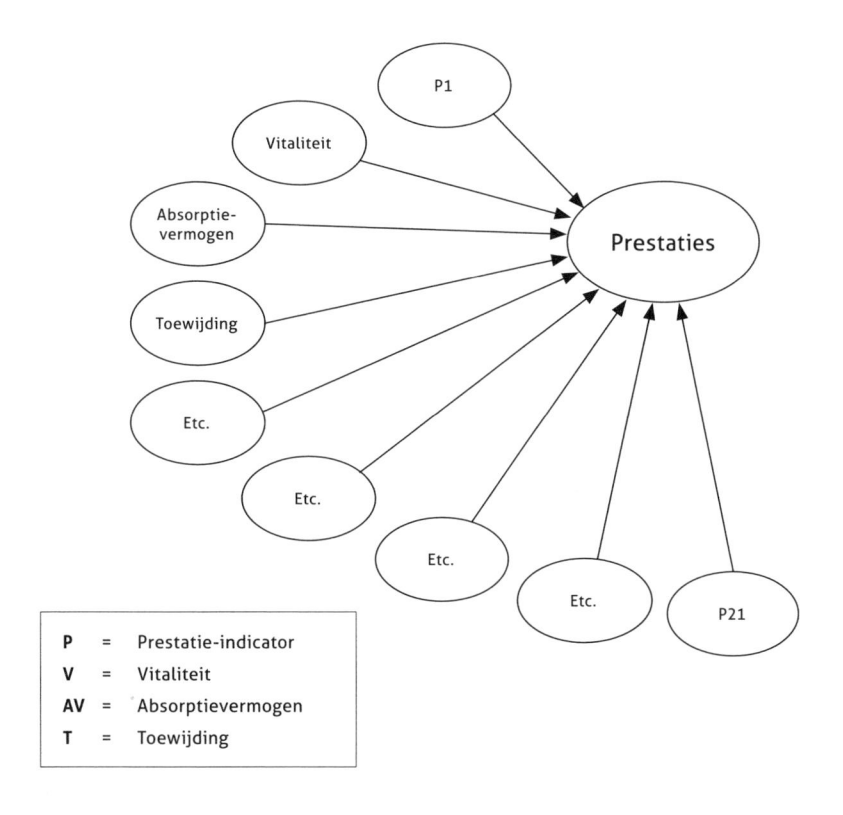

FIGUUR 7. **ONDERZOEK NAAR PRESTATIE-INDICATOREN EN DE DRIE ELEMENTEN VAN BEVLOGENHEID**

Uitkomsten van het onderzoek

Dat bevlogenheid van werknemers cruciaal is voor presteren blijkt onomstotelijk uit dit onderzoek. Van de vijf variabelen (respectievelijk talent, persoonskenmerken, organisatiefit, bevlogenheid en taakeisen) blijkt de mate van bevlogenheid – na bepaalde specifieke persoonskenmerken – de belangrijkste graadmeter voor organisaties om nieuwe resultaten te kunnen behalen. En juist deze bepaalde specifieke persoonskenmerken bleken weer van invloed op de mate van bevlogenheid. Eén plus één maakt drie, zo lijkt het!

Bevlogen medewerkers presteren beter, zoveel is duidelijk. Met name haar elementen toewijding (de nummer 6-prestatievoorspeller) en vitaliteit (de nummer 7) blijken uit dit onderzoek cruciaal om duurzame prestaties te kunnen behalen!

Welk specifiek persoonskenmerk op haar beurt bleek de belangrijkste voorspeller van bevlogenheid? Intrinsieke motivatie! Intrinsiek gemotiveerden blijken uit mijn onderzoek ook meer bevlogen te zijn, geheel overeenkomstig de theorie van Daniel Pink.[71]

De Nederlandse CEO's hadden oog voor dit prestatiecriterium en beoordeelden de elementen toewijding en absorptievermogen van bevlogenheid als respectievelijk de nummer 6 en nummer 13 van de belangrijkste selectiecriteria. Aan de vitaliteit van kandidaten hechten zij echter minder belang dan uit dit onderzoek zou blijken: de Nederlandse CEO's gebruikten vitaliteit pas na inzet van tien andere selectiecriteria!

'I want to keep my attractiveness as long as I can. It has to do with vitality and energy and interest.'

Jacqueline Bisset, Brits actrice (1944)

FOTO: Helga Esteb / Shutterstock.com

7 Vitaliteit

Het woord 'vitaliteit' hoor je steeds vaker. Het is een begrip dat veel verdergaat dan sporten en gezond zijn. Wat is nu precies vitaliteit? Is dat bijvoorbeeld:
- productief zijn;
- duurzaam inzetbaar zijn;
- fit zijn;
- eeuwig jong zijn;
- gezond zijn;
- veerkracht tonen;
- gelukkig zijn;
- bevlogen zijn of;
- bereid zijn tot veranderingen?

Veel van deze begrippen benaderen de betekenis van het begrip 'vitaliteit', maar dekken de lading toch niet helemaal. Het zijn zaken die vaak een gevolg of een oorzaak zijn van die vitaliteit. Naast talent dien je ook te beschikken over een goede fysieke en mentale fit om duurzaam te kunnen presteren, zo kan gesteld worden.[72] Mijn vierde hypothese luidde daarom als volgt:

Hypothese 4

Het in meer of mindere mate beschikken over een goede fit met de fysieke en mentale taakeisen van de functie beïnvloedt de relatie tussen talent en presteren in positieve of negatieve zin.

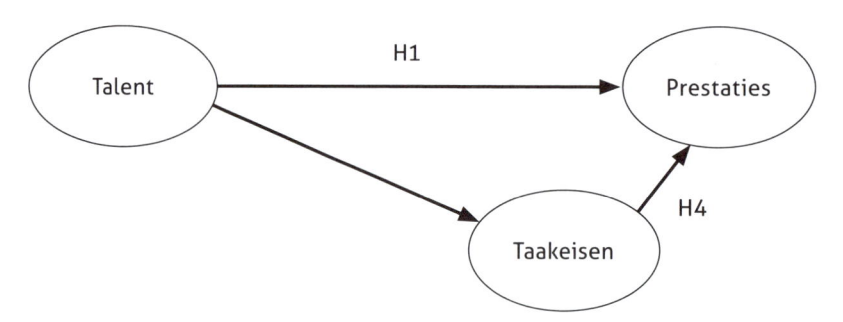

FIGUUR 8. **HYPOTHESE 4**

Energie en motivatie

Bij vitaliteit draait het vaak om levenslust. Veel omschrijvingen van vitaliteit verwijzen naar het latijnse *vita* dat 'leven' betekent, zoals in levenskracht, levendigheid, levenslust, levensenergie et cetera. Ryan en Frederick sluiten hierbij aan en omschrijven subjectieve vitaliteit als het bewust ervaren dat men leeft: levendigheid (*aliveness*) en positieve energie.[73] Vitaliteit staat volgens Schaufeli en Bakker voor energiek, veerkrachtig, fit en onvermoeibaar door kunnen werken.[74] Het zijn de vitale en toegewijde mensen die het gewenste verschil kunnen maken, zo concludeerde ik in *Word een HELD*. Kwaliteit gaat boven kwantiteit. Divers onderzoek laat daarbij zien dat de mate van bevlogenheid en het aankunnen van hoge taakeisen sterk aan elkaar verbonden zijn. Vitaliteit is dan ook meer dan de afwezigheid van ziekte. Vitaliteit is meer dan lichamelijk fit zijn en dus niet hetzelfde als gezond zijn en/of de afwezigheid van ongezonde leefgewoonten als roken, te weinig bewegen, te vet eten of te veel drinken. Vitaliteit is een combinatie van energie en motivatie en lijkt te zorgen voor de duurzame inzetbaarheid van medewerkers en de mate waarin ze aan gestelde mentale en fysieke taakeisen kunnen voldoen en hun huidige en toekomstige werk willen en kunnen blijven uitvoeren.[75]

Het egelprincipe

Het hebben van talenten en het kunnen voldoen aan mentale en fysieke taakeisen heb ik in mijn eerdere boek uiteengezet. Het uitgangspunt van het boek *Word een HELD* is vergelijkbaar met het egelprincipe van Jim Collins; de egel als metafoor voor het uitgangspunt dat, zodra je ontdekt waarin jij de beste kunt zijn, zodra je echt begrijpt waarmee jij je geld zou kunnen verdienen en je diep van binnen weet waar je gepassioneerd van raakt, je alle crises zult kunnen overwinnen.[76] Collins gebruikt het verhaal van de egel die dagelijks door de slimme, snelle, sluwe en behendige vos werd aangevallen: door simpelweg en steeds zijn enige wapen in te zetten, zijn stekels, had de vos geen enkele kans bij de egel. Ook al was de egel langzaam, klein van stuk en niet erg intelligent, de vos bleek geen antwoord op zijn stekels te hebben.

Zodra je weet wat je sterke punten zijn en weet hoe je deze kunt ontplooien, dan zul je zien dat je nog meer bevlogen wordt. Je levenslust en zelfs je levensverwachting nemen toe, aldus Collins. Je krijgt meer zin om te werken, je beschikt over veel meer energie om er vol voor te willen gaan en je kunt aan gestelde taakeisen beter voldoen.

De noodzaak van vitaliteit

Om bevlogen te kunnen worden is vitaliteit noodzakelijk, zo lijkt het: een hoog niveau van energie om je in staat te stellen in actie te komen – en te blijven – en om je doelen te bereiken. Vitaliteit is niet voor niets een element van bevlogenheid, naast toewijding en absorptievermogen. Zo toont onderzoek van de universiteit van South Carolina aan dat rennen, roeien en andere sporten waarvan je gaat zweten, niet alleen goed zijn voor je conditie, maar ook voor het brein. Drie tot vier keer per week een halfuur rennen is al voldoende om het verval tussen de oren en zelfs beginnende Alzheimer te vertragen. Hogere cijfers, minder fouten, beter rekenen, minder vergeten: intensief bewegen maakt fit en houdt ook de hersenen jong.[77] Door te bewegen stimuleer je niet alleen je geest, maar ook je hersenen.

'Vooral kinderen, die volop in hun ontwikkeling zitten, worden slimmer van sporten en buiten spelen. Zeker als zij daarbij concentratie, communicatie en coördinatie nodig hebben', zo zegt Jaap Seidell, hoogleraar aan de Vrije Universiteit in Amsterdam.

'Het gaat eigenlijk om de stap van nietsdoen naar een halfuur matig intensief bewegen per dag. Dan haal je de grootste winst.'

Seidell beseft dat veel mensen na een dag hard werken niet veel zin meer hebben om het huis uit te gaan om te bewegen. 'Maar als die mensen gaan wandelen of de hond uitlaten komen ze blijer terug dan dat ze zijn weggegaan. Het is belangrijk om dit vroeg te leren. Als je dit je hele leven niet hebt gedaan en je bent te zwaar, je hebt last van je knieën of je bent kortademig, is gaan sporten een enorme drempel. Daarom is het zo belangrijk dat je actief blijft, van je vroege kindertijd tot aan je ouderdom.'[78]

'Conditie is niet alleen een van de belangrijkste sleutels tot een gezond lichaam, het is de basis voor een dynamische en creatieve intellectuele activiteit.'

John F. Kennedy, president van de VS (1917-1963)

Focus

Om vitaal te worden en te blijven, moet je inderdaad veel sporten, zal menigeen beamen. Maar volgens Tony Schwartz, oprichter en CEO van The Energy Project en veelvoudig auteur in de *Harvard Business Review*, ligt de sleutel niet in het sporten alleen, maar juist ook in het managen van tijd en energie. Je moet vooral focus aanbrengen om vitaal te blijven – terwijl onze huidige tijdsgeest juist dwingt tot multitasken. Werken, kinderen opvoeden, je sociale leven onderhouden en ook nog eens sporten. En het liefst op dezelfde dag nog. Vitaal blijven heeft alles te maken met focus aanbrengen. In zijn onderzoeken laat Schwartz zien dat de productiviteit van individuele medewerkers met ongeveer 25% afneemt door het gelijktijdig uitvoeren van verschillende taken. Ook in diverse andere onderzoeken is aangetoond dat multitasken niet werkt en zelfs contraproductief is.[79]

Het aantal Nederlanders dat overspannen of opgebrand raakt, stijgt snel. De meesten weten niet hoe het proces dat eraan voorafging verliep, maar het moment dat het misging staat voor veel mensen die een burn-out hebben gehad op hun netvlies gebrand. Er is de afgelopen jaren veel gepubliceerd over burn-outverschijnselen. Psychiaters, artsen, psychologen, therapeuten, onderzoekers, adviseurs en ervaringsdeskundigen hebben hun licht over het onderwerp laten schijnen.
Volgens het CBS blijkt dat ruim 14% van de werknemers in Nederland in 2014 burn-outklachten had. Dat is een op de zeven. Minstens een paar keer per maand voelden zij zich bijvoorbeeld leeg aan het eind van een werkdag, emotioneel uitgeput door het werk of moe bij het opstaan als zij werden geconfronteerd met hun werk. Waarbij geldt dat bij werknemers van 25 tot 65 jaar burn-outklachten in alle leeftijden ongeveer even vaak voorkomt.[80] Ander onderzoek van het

CBS toont aan dat burn-out meer voorkomt onder hogeropgeleiden dan onder werkenden met een lage of middelbare opleiding. Tevens komt naar voren dat burn-out samenhangt met bepaalde persoonlijkheidskenmerken en het ontbreken van bepaalde werkgerelateerde en persoonlijke energiebronnen. 'Je voorkomt een burn-out door met bevlogenheid te leven en te werken', aldus mijn collega professor Van Rhenen: 'Door ervoor te zorgen dat je tijdens je werk energie opdoet in plaats van te verliezen.'[81] Doe slechts die dingen die bij je passen en blijf vooral ook sporten; dit samen levert je energie op en maakt je sterker in plaats van zwakker.

De Nederlandse wetenschap heeft gelukkig ook steeds meer oog voor het belang van vitaliteit. In 2010 is Tinka van Vuuren zelfs aangesteld als bijzonder hoogleraar Vitaliteitsmanagement aan de Open Universiteit te Heerlen. *Je hoeft niet ziek te zijn om beter te worden*, zo luidde de mooie titel van haar oratie, waarin ze het belang van vitaliteitsmanagement nog eens uit de doeken doet. 'Werkgevers die niets doen aan de vitaliteit van medewerkers, krijgen het de komende jaren flink voor de kiezen', zo stelt Van Vuuren.

Vitaliteit en zelfeffectiviteit

Ook om te gaan sporten heb je zelfeffectiviteit nodig. Dit betekent in dit geval dat je jezelf in staat acht het gewenste gedrag (gaan sporten) ook uit te gaan voeren. Zelfeffectiviteit zit hem dan in de combinatie van zelfvertrouwen – het lukt me vast om een uur lang te gaan sporten in de sportschool – en de effectieve uitvoering (ik maak tijd voor sporten). Zoals eerder beschreven verschilt zelfeffectiviteit – de ingeschatte vaardigheid voor het verrichten van een bepaalde taak en het vertrouwen in de eigen bekwaamheid om deze taak met succes te volbrengen – van zelfvertrouwen in zoverre dat zelfvertrouwen het vertrouwen in het zelf betreft en zelfeffectiviteit de ingeschatte vaardigheid voor het verrichten van een bepaalde taak betreft. Het geloof in eigen kunnen leidt er dan toe dat een positieve intentie daadwerkelijk nieuw gedrag en duurzame prestaties oplevert.

> ### Veertien redenen om te sporten
>
> Door sporten is je lichaam beter in staat zuurstof uit de lucht te halen en dit naar je spieren te vervoeren. Per jaar verlies je 1% van deze capaciteit. Na dertig jaar betekent dit dus veel puffen en hijgen. Door te sporten kun je dit verlies halveren.
> 1. Sporten verlaagt de bloeddruk door dichtslibben van aderen tegen te gaan.
> 2. Door regelmatig te sporten is je lichaam beter in staat glucose af te breken. Hierdoor verkleint de kans op diabetes type 2.
> 3. Sporten onderhoudt je immuunsysteem en gaat zo veroudering tegen.

_____

'Fit is het nieuwe rijk.'

Erben Wennemars, langebaanschaatser (1975)

4. Met sporten breek je lichaamsvet af. Bovendien zorgen de spieren die je krijgt van het sporten voor een snellere vetverbranding, zelfs als je stilzit.
5. Sporten houdt je botten sterk. Je botten worden elk jaar 1% brozer en dunner. Door minimaal een uur per week gewichten te heffen worden je botten al sterker.
6. Sporten versterkt de spieren.
7. Vooral stretchsporten als yoga of tai chi gaan artritis tegen.
8. Als we sporten, slapen we beter. Actief overdag, 's avonds moe.
9. We worden er vrolijk van. Door de aanmaak van endorfine tijdens het sporten hebben wij minder kans op depressies.
10. Door deze endorfine worden wij ook minder angstig.
11. Door regelmatig te sporten, ben je minder vaak ziek en afwezig op werk.
12. Door te bewegen verbetert het geheugen.
13. Met sporten wordt de kans om te gaan dementeren kleiner.
14. Maar bovenal: sporten zorgt ervoor dat je meer energie krijgt. Je bent minder moe en minder gestrest.[82]

Uitkomsten van het onderzoek

Zoals in hoofdstuk 5 beschreven blijkt zelfeffectiviteit de nummer 1-voorspeller van duurzaam presteren. Vitaliteit blijkt eveneens van significant belang voor het duurzaam presteren van professionals en betreft de prestatievoorspeller nummer 7. Ook onderling is er een zeer sterk verband, zo blijkt uit mijn onderzoek. De combinatie van beide blijkt een sleutel tot duurzaam presteren, zo laat ook ander onderzoek zien. Zelfeffectiviteit en vitaliteit beginnen bij de focus op jezelf, je persoonlijke ontwikkeling.

Uit dit onderzoek blijkt niet alleen dat vitaliteit als element van bevlogenheid belangrijk is voor duurzaam presteren, maar ook dat zij zeer belangrijk is voor de fit met de mentale taakeisen – na zelfeffectiviteit en aanpassingsvermogen – zelfs de nummer 3-voorspeller voor duurzaam presteren. Het belang van vitaliteit en het aankunnen van fysieke en met name mentale taakeisen kan dan ook niet genoeg benadrukt worden.

De Nederlandse CEO's hadden echter nauwelijks oog voor deze zo belangrijke prestatievoorspeller: de fit met mentale taakeisen kwam zelfs niet eens in de top 15 voor.

Een andere kijk op talent- en prestatiemanagement lijkt in Nederlandse organisaties dan ook hoogstnoodzakelijk. Een perspectief dat meer waarde hecht aan het belang van vitaliteit en het kunnen voldoen aan gestelde fysieke en met name mentale taakeisen door medewerkers. Niet alleen veranderen onze banen en onze organisaties steeds sneller, ook de gestelde taakeisen nemen steeds meer toe. Juist die professionals en die organisaties die zorgdragen voor fysieke en mentale weerbaarheid lijken de moderne eisen aan duurzaam presteren beter aan te kunnen.

'Ik ben een enorme fan van de Beatles. Die vier hielden elkaar in balans. En samen waren ze meer dan alleen. Alleen dan krijg je succes. Ook in business.'

Steve Jobs, innovator (1955-2011)

8 Organisatiefit

Het belang van fysieke en mentale vitaliteit voor professionele en voor organisatieontwikkeling is evident, zo lijkt het. Maar het belang van een goede fit met de organisatiecultuur mag evenmin onderschat worden, zo blijkt uit vele andere onderzoeken.[83] Mijn vijfde hypothese luidde als volgt:

Hypothese 5

Het in meerdere of mindere mate beschikken over een goede fit met de organisatie beïnvloedt de relatie tussen talent en presteren in positieve of negatieve zin.

Veel wetenschappers en auteurs onderschrijven deze hypothese. Bijvoorbeeld Kristof-Brown en Taris die het belang van de persoon-organisatiefit (PO-fit) op de wetenschappelijke kaart hebben gezet.

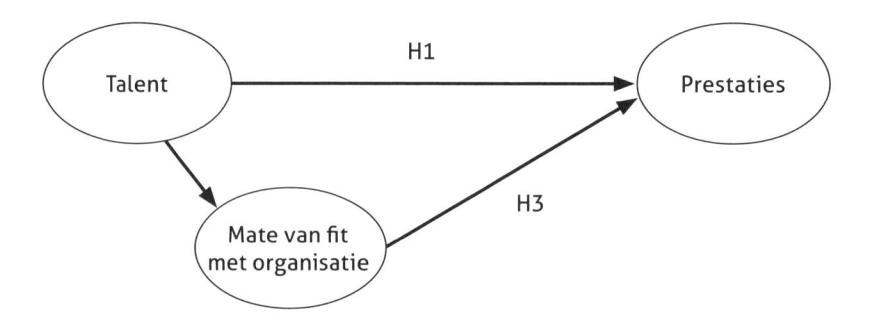

FIGUUR 9. **HYPOTHESE 5**

Hun PO-fitstudies gaan uit van het standpunt dat het individu steeds meer met zijn omgeving interacteert en dat het gedrag van medewerkers zowel door omgevingsfactoren als door persoonskenmerken wordt beïnvloed en gestuurd. De huidige belangstelling voor PO-fitstudies valt tevens te verklaren vanuit het feit dat diverse onderzoekers, onder wie dus Kristof-Brown[84] en Taris[85], een bevestiging vinden voor de veronderstelling dat een grote mate van fit van de werknemer met zijn omgeving een positief effect heeft op zowel zijn eigen prestaties als die van zijn organisatie. Maar welke aspecten bepalen nu of medewerkers een goede fit met de organisatie hebben? En in welke mate zijn deze elementen afzonderlijk belangrijk voor duurzaam presteren?

Fit met functie en leidinggevende

De Interaction Processing-metatheorie van Ehrhart en Ziegert (2005) beschrijft hoe en waardoor de aantrekkelijkheid van organisaties wordt beïnvloed. Deze theorie is feitelijk een kapstok voor alle theorieën die stellen dat de fit tussen persoons- en omgevingskenmerken bijdraagt aan de aantrekkelijkheid van de organisatie voor de medewerker. Deze fit wordt in de literatuur de Person-Environment Fit (PE-fit) genoemd.[86] Meer uitgebreid is PE-fit te definiëren als de match tussen de waarden, doelen en persoonlijkheid van een individu en die van de omgeving waarin het individu zich bevindt.[87]

De term 'omgeving' in bovenstaande definitie van PE-fit is een zeer breed begrip. Dit maakt het relevant om 'omgeving' op te splitsen in verschillende domeinen.[88] Bij de Person-Job Fit is de match tussen een persoon en zijn of haar baan de kern, zoals het bij PO-fit gaat om de persoon en de organisatiecultuur waarin hij of zij werkt. Als laatste kan Person-Supervisor Fit worden genoemd.
In mijn onderzoek zijn de volgende belangrijke selectiecriteria meegenomen: een goede fit met het werk, met de organisatiecultuur en met de leidinggevende. De afzonderlijke uitkomsten vind je aan het einde van dit hoofdstuk.

Organisatiecultuur en -verandering

Hoe belangrijk is organisatiecultuur? En in welke mate is een goede fit met de organisatiecultuur bepalend voor duurzaam presteren? De waarschijnlijk bekendste managementauteurs over deze onderwerpen zijn Kim Cameron en Robert Quinn.[89] Kim Cameron is hoogleraar management en organisatie aan de universiteit van Michigan. Zijn onderzoek naar organisatieprestaties, bedrijfscultuur en de ontwikkeling van leiderschap heeft zijn neerslag gekregen in meer dan 120 artikelen en 14 boeken. Zijn meest recente onderzoek richt zich op de positieve dynamiek in organisaties die leidt tot verbeterde prestaties. Zijn interesse als onderzoeker en docent richt zich vooral op organisatorische verandering en effectiviteit. Robert Quinn is verbonden aan de Graduate School of Business van de University of Michigan. Hij wordt wereldwijd beschouwd als de belangrijkste autoriteit op het gebied van verandermanagement. Quinns onderzoek en onderwijs is gericht op veranderingen en de effectiviteit in organisaties. Hij is vooral bekend vanwege zijn concurrerende-waardenmodel (het Quinn-model), dat erkend wordt als een van de belangrijkste modellen in de geschiedenis van het zakenleven.

Volgens Cameron en Quinn zal in de eenentwintigste eeuw geen enkele organisatie zich meer op de borst durven kloppen omdat ze zo constant is, steeds dezelfde organisatie blijft en nog steeds dezelfde positie inneemt als tien jaar geleden. Stabiliteit moet volgens Cameron en Quinn eerder worden beschouwd als een stagnatie dan als het doel van gelijkmatigheid. Zoals Billy Beane het verwoordde: 'Ongeacht hoe succesvol je bent, verandering is altijd goed.'

Bij de meeste geplande organisatieveranderingen gaat het echter in een alarmerend aantal gevallen volkomen mis. Volgens diverse studies naar organisatieveranderingen gaat het zelfs in driekwart van alle pogingen volkomen mis, waarbij in vele gevallen het voortbestaan van de organisatie werd bedreigd. Het interessantste aan deze mislukkingen, aldus Cameron en Quinn, zijn evenwel de oorzaken die voor het gebrek aan succes werden genoemd. Uit verschillende onderzoeken is namelijk gebleken dat de veronachtzaming van de cultuur van een organisatie het vaakst als oorzaak van falen werd aangewezen.[90]

Succesvoorwaarden

In een groot deel van de wat gedateerde literatuur wordt aangegeven dat succesvolle ondernemingen – ondernemingen die voortdurend winst maken en meer dan gemiddelde inkomsten weten te boeken – moeten voldoen aan ten minste een aantal van de volgende goed omschreven voorwaarden.[91]

1. hoge entreebarrières voor nieuwe toetreders;
2. onvervangbare producten;
3. bezitten van een groot marktaandeel;
4. geringe onderhandelingsmacht van afnemers;
5. geringe onderhandelingsmacht van toeleveranciers;
6. grote rivaliteit tussen concurrenten (in plaats van met jouw organisatie).

Het is echter zeer opmerkelijk dat de meest succesvolle Amerikaanse ondernemingen – en ik vermoed dat dit in Europa en dus Nederland niet veel anders zal zijn – in de afgelopen dertig jaar geen van deze concurrentievoordelen hebben genoten.[92] Van de bestpresterende ondernemingen van de laatste drie decennia – die wat financiële resultaten betreft de concurrentie letterlijk hebben weggevaagd – voldeed geen van allen zelfs ook maar aan een van de eerdergenoemde succesvoorwaarden.

Apple, in 1998 nog op een haar na failliet, is een van de vijf waardevolste bedrijven ter wereld en is meer waard dan Microsoft. Apple betrad een markt die gedomineerd werd door gevestigde en zeer concurrerende bedrijven als Microsoft, Motorola, Nokia, IBM en Dell. Hetzelfde geldt voor animatiestudio Pixar, die een markt betrad die sinds tijden gedomineerd werd door Disney. In de minder dan dertig jaar dat het bedrijf bestaat produceerde het elf hitfilms uit elf pogingen. Ongehoord voor deze bedrijfstak. Iedere film die Pixar maakt is genomineerd voor een Oscar, en Pixar won deze onderscheiding ongeveer drie op de vier keer.[93] Cameron en Quinn, maar ook wetenschappers als Taris[94] en Kristof-Brown[95] geven aan dat juist de fit met de organisatie, haar cultuur en haar stijl van leiding geven bepalend blijken voor duurzame prestaties. Organisaties met een sterke cultuur en medewerkers die daarbij passen zullen overleven, aldus deze wetenschappers.

Maar hoe belangrijk is een goede fit met de organisatie en de organisatiecultuur nu echt? In welke mate is een goede fit met de direct leidinggevende van belang voor het presteren van professionals?

Onder organisatiecultuur werd in dit onderzoek verstaan: de verzameling van normen, waarden en gedragsuitingen die gedeeld worden door de leden van de organisatie en de leden aan elkaar en aan de organisatie bindt.

'Culture drives great results.'

Jack Welch, ex-CEO van General Electric (1935)

Uitkomsten van het onderzoek

Het bewerkstelligen en handhaven van een prestatiecultuur met de juiste uitgangspunten, normen en waarden zijn cruciaal voor duurzaam presteren, zo blijkt telkenmale weer uit onderzoeken. Volgens wetenschappers Cameron en Quinn betreffen deze aspecten zelfs het belangrijkste onderwerp voor het slagen of falen van elke organisatie.[96] Zonder passende cultuur, die door elke aangenomen medewerker wordt omarmd en daardoor wordt versterkt, zal de effectiviteit van werken binnen een organisatie snel verminderen en zal de organisatie daar uiteindelijk aan ten onder gaan.

Ook de uitkomsten van dit onderzoek onderstrepen deze stelling. Het overallconcept organisatiefit (fit met cultuur en leidinggevende) liet een zeer sterke en significante correlatie met prestaties zien (zie bijlage IV: Correlatiematrix factoren). Uit de uitkomsten van dit onderzoek bleek niet dat specifiek een fit met de organisatiecultuur het belangrijkste prestatiecriterium is: een goede fit met de leidinggevende scoorde een stuk hoger als prestatievoorspeller.

Niet zozeer de organisatiecultuur op zichzelf, als wel de wijze waarop een team wordt gemanaged door de direct leidinggevende blijkt van grote invloed voor duurzame prestaties. Mensen kiezen, presteren én vertrekken voor mensen, zo lijkt het. Een goede klik met de leidinggevende lijkt onontbeerlijk voor duurzaam presteren.

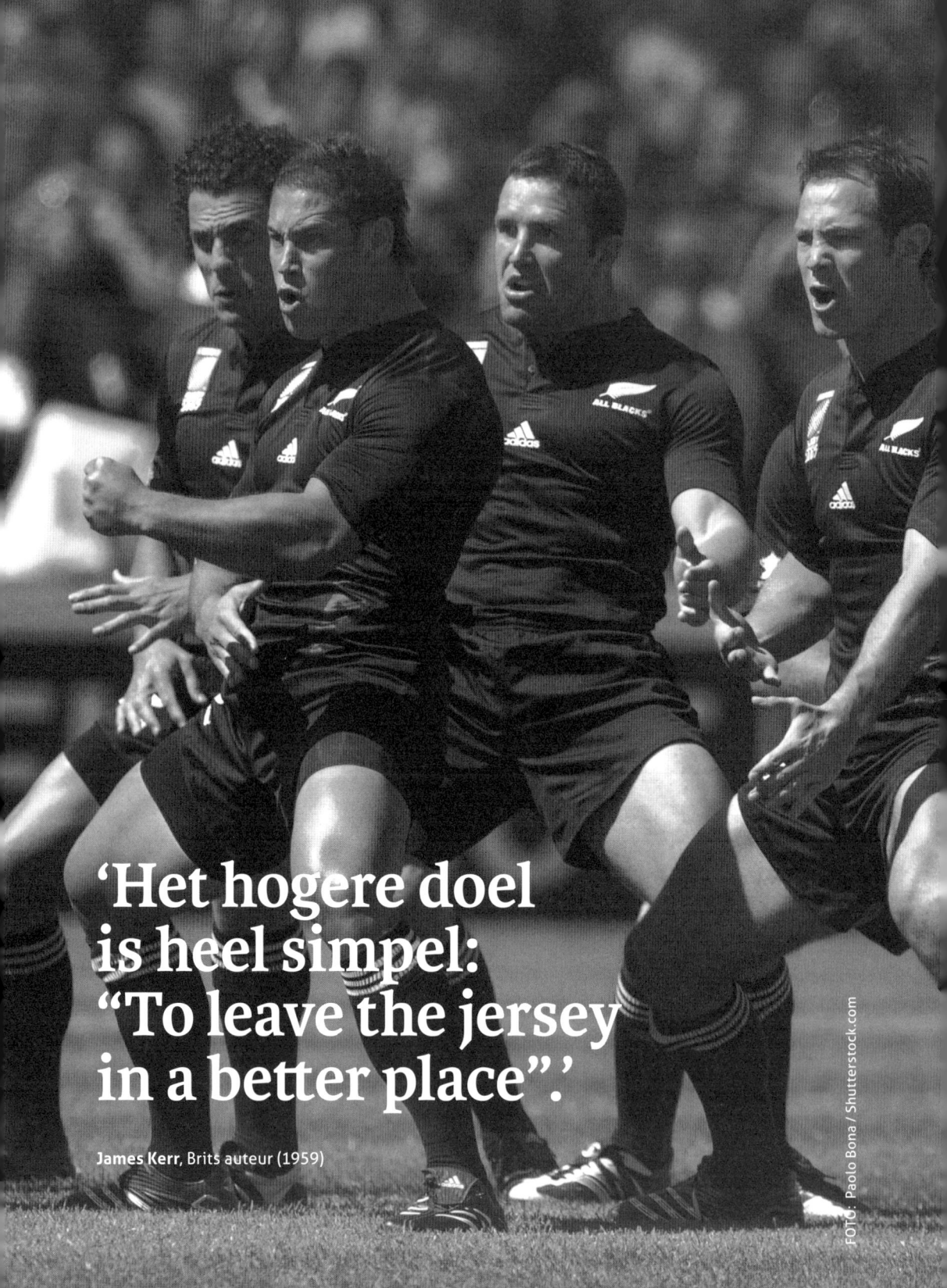

'Het hogere doel is heel simpel: "To leave the jersey in a better place".'

James Kerr, Brits auteur (1959)

9 Prestatiecultuur
− All Blacks

Het voortdurend succes van buitengewoon succesvolle ondernemingen, zo geven Cameron en Quinn aan, heeft minder te maken met invloeden van de markt waarin een organisatie zich bevindt, dan met de eigen waarden van de onderneming; minder met een concurrentiepositie dan met persoonlijke overtuigingen, minder met middelenvoordelen dan met visie.

Eenvoudig geformuleerd, aldus Cameron en Quinn: 'Succesvolle ondernemingen hebben iets speciaals ontwikkeld dat uitsteekt boven zaken als bedrijfsstrategie, marktpresentatie of technologische voordelen.' Ondanks het duidelijke belang van strategie, marktpresentatie of technologische voordelen, kapitaliseren uiterst succesvolle ondernemingen namelijk op iets anders: de krachtige invloed van een ontwikkelde en gemanagede unieke bedrijfscultuur.[97]

De organisatie als tribe

Precies zoals vroeger, zo zouden antropologen Danielle Braun en Jitske Kramer, hebben kunnen zeggen. Hun bestseller *De Corporate Tribe* werd zelfs tot Managementboek van het Jaar 2016 verkozen. Een prachtig geschreven boek over het belang van (organisatie)cultuur en de persoonlijke fit van de individuele groepsleden met hun eigen tribe-cultuur. In de antropologie verwijst een *tribe*, een stam, naar een groep van onderling verwante families of clans, subgroepen. Het belangrijkste bindende element van een tribe is de cultuur, de gezamenlijke taal, religie en gebruiken.[98]

Maar hoe is een sterke prestatiecultuur te bewerkstelligen? Om te begrijpen hoe organisaties bewegen, moet je terug naar de belangrijkste bouwsteen van de constructen: de mens, zo geven Braun en Kramer aan. En dan niet alleen naar de psychologische, individuele mens, maar vooral ook naar de mens als groepsdier. Organisaties bestaan immers uit groepen mensen. Of antropologisch gezegd: uit allerlei tribes, elk met zijn eigen stamhoofd, rituelen en spelregels. Willen we groepen begrijpen, beïnvloeden, veranderen en/of sturen, dan zullen we dus moeten begrijpen hoe groepen mensen zich bewegen. 'The real voyage of discovery, consits not in seeking new landscapes, but in having new eyes', aldus Marcel Proust.[99]

'Live. Laugh. Love. Leave

Stephen Covey, Amerikaans managementboekenauteur (1932-2012)

Mijn zoektocht naar duurzaam presteren vervolgde zich om uiteindelijk te belanden bij de meest succesvolle tribe, volgens menigeen zelfs de meest succesvolle organisatie van de laatste decennia: All Blacks.
Hun gebruiken, rituelen en omgangsvormen gecombineerd met de wetenschappelijke resultaten uit mijn drie jaar durend kwantitatief onderzoek naar prestatiekenmerken en selectiecriteria onder Nederlandse professionals leidden tot nieuwe en verrassende inzichten over de kracht van een goede prestatiecultuur voor onze eigen organisaties.

James Kerr beschrijft in zijn boek *Legacy* (2013) op prachtige wijze hoe het Nieuw-Zeelands nationale rugbyteam All Blacks, in staat blijkt om te winnen en hoe te blijven winnen.
All Blacks is het meest succesvolle rugbyteam in de geschiedenis, maar wordt door velen ook genoemd als het meest succesvolle sportteam in het algemeen, ooit. Haar winstpercentage van 86 is onovertroffen en ook nu is All Blacks regerend wereldkampioen.

Hoe doen en deden ze dat? Nieuw-Zeeland is toch zeker niet het grootste rugbyland met het meeste rondlopend talent waaruit geput kan worden? Wat is het geheim van hun succes? Hoe speelt All Blacks dat klaar? Hoe kwam zij van winnen naar winnen? En wat kunnen wij daarvan leren?

a legacy.'

All Blacks is zo succesvol om omdat zij de juiste mensen selecteert, het juiste doel definieert en de juiste cultuur handhaaft, aldus James Kerr die door All Blacks gedurende enkele jaren in haar inner circle werd toegelaten om haar legacy op te schrijven. In zijn boek beschrijft Kerr 15 leiderschapslessen die wij alle kunnen toepassen om tot betere prestaties te komen.

Mijn grote vraag was natuurlijk *hoe* selecteert All Blacks haar spelers? Mogelijk ook op de door mij als belangrijk gevonden uitgangspunten en prestatiecriteria? Het antwoord was onomwonden: ja! (hoewel All Blacks daar vanzelfsprekend geheel andere termen voor gebruikt). 'Talent was irrelevant. We carefully picked the players. We used *matrices* to back intuition, because there are certain *stats* in rugby that determine the player's *character*', aldus voormalig coach Wayne Smith

Van winnen naar winnen: het vergt een doel en een fit met gestelde taakeisen (1), eigenaarschap over en ontwikkeling van je meest belangrijke persoonskenmerken (2), onderlinge verbondenheid en verbondenheid met de organisatie (3) en last but not least: bevlogenheid, een positieve levenshouding: een houding van grote persoonlijke prestige (4). All Blacks heeft daar zelfs een prachtig woord voor: *mana*. 'Talent is goed, karakter is beter.' Maar daarover later meer. Want voor All Blacks begint het allemaal met het eerste begrip, het hogere doel en de fit met de gestelde taakeisen: *whakapapa!*

Whakapapa: het hogere doel

Het succesverhaal van All Blacks begint in 1997 in het kleine provinciestadje Christchurch. In Christchurch bevindt zich het hart van het huidige succesteam, diverse spelers en coaches van de plaatselijke Crusaders zijn daaruit afkomstig. 'In 1997 was het professionalisme in rugby nog ver te zoeken, zeer zeker ook in Christchurch. De Crusaders waren dat seizoen extreem slecht begonnen en er was geen bestaande cultuur om aan vast te houden', aldus coach Wayne Smith. Geen reden, geen doel en geen principes die als een huis stonden. De spelers deden maar wat. De Crusaders kampten met een identiteitscrisis.

Wayne Smith: 'Hoe meer je hebt om voor te spelen, hoe beter je ook speelt. 'It is about purpose and personal meaning ... Those are the two big things.' De emotionele lijm in welke cultuur dan ook – religie, land of sportteam – is haar identiteit en doel. De dingen die we als belangrijk beschouwen voor onszelf – onze diepste waarden – hebben de emotionele power om gedrag te vormen.' Smith coachte de Crusaders naar twee titels in 1998 en 1999 voordat hij als coach van All Blacks werd aangesteld.
Deze connectie van persoonlijke waarden met het hoger doel is iets waar All Blacks bijna obsessief door wordt gedreven.[100] Als de waarden van teamleden zijn verbonden met de waarden en doelen van de organisatie, dan zullen zij zich extra inzetten om deze te behalen. Indien niet, dan zal dit ten koste gaan van de persoonlijke motivatie en op termijn het voortbestaan van de organisatie bedreigen. Organiseren begint altijd *inside out*: met het formuleren van een hoger doel. 'Being part of the legacy', zoals All Blacks dit noemt.

Diverse andere auteurs en wetenschappers ondersteunen dit concept. Denk aan Daniel Pink (*Drive*, 2010), Simon Sinek (*Start with Why*, 2009) en Abraham Maslow (*Hierarchy of Needs*, 1943). Uiteindelijk draait alles om het hoger doel, het waarom, de zingeving; zoals ook al bleek uit het onderzoek en werk van Victor Frankle (*Man's Search for Meaning*,

1946): 'Gevraagd naar wat respondenten als het allerbelangrijkste vonden in hun werk, antwoordde 16% "het verdienen van veel geld"; 78% gaf aan dat hun eerste en hogere doel het "vinden van zingeving en doel in mijn leven" betrof.'

Hoe denk je dat de huidige generatie jonge professionals in dit onderzoek zou antwoorden? Het vinden van een hoger doel en zingeving is voor onszelf en onze organisaties alleen maar belangrijker geworden! Net als bij All Blacks.

Ubuntu: verbondenheid met anderen en met de organisatie

'Ubuntu is de essentie van ons menselijk bestaan', aldus bisschop Desmond Tutu. Het gaat over verbondenheid met anderen. De onmogelijkheid van ons mensen om in isolatie te leven. Ubuntu is een ethische of humanistische filosofie uit sub-Saharisch Afrika, die draait om toewijding en om relaties tussen mensen onderling. Het woord komt voor in de Bantoetalen van zuidelijk Afrika en het concept wordt gezien als traditioneel Afrikaans. Maar de Nieuw-Zeelandse Maori's omarmden dit zo belangrijke begrip als kern van hun eigen cultuur.

'If your dreams don't scare you,

Mohammed Ali, Amerikaans bokser (1942-2016)

Ubuntu gaat niet over het niet mogen hebben van persoonlijke doelen of eigen belangen, aldus ook Nelson Mandela in een interview met journalist Tim Modesi.[101] 'Maar doe je dit op een wijze waardoor je de gemeenschap om je heen in staat stelt zich te verbeteren? Dat zijn de belangrijkste dingen in ons leven.' Ubuntu betekent dat we rimpels uitzenden naar de grotere gemeenschap met het besef dat ons eigen handelen een ieder aangaat, niet slechts onszelf.

Maar wat betrof nou die Why, dat hogere doel (de whakapapa) en de verbondenheid (ubuntu) van All Blacks? Hoe had zij deze geformuleerd om alles te winnen wat er te winnen viel? Officieel, volgens NZRU-bronnen, luidde het doel 'om Nieuw-Zeeland te verenigen en te inspireren'. Maar elke All Black weet dat het veel verder gaat dan dat. Het hogere doel is heel simpel: 'To add to the legacy. To leave the jersey in a better place.'

'Er is vandaag de dag een rijke traditie aanwezig van spelers die bijdragen en bijdroegen aan dit hoger doel, onze vorm van nalatenschap', aldus Wayne Smith. 'Zij droegen uit en dragen uit dat het uiteindelijk gaat om het op een nog mooiere wijze overdragen van jouw tenue, jouw black jersey, dan in de staat waarin jij deze hebt mogen ontvangen van jouw voorganger.'

they are not big enough.'

'Het enige wat ik gedaan heb', aldus de legendarische voormalig All Blacks-aanvoerder Sean Fitzpatrick, 'was te trachten om een nog beter team aan mijn opvolgers, de volgende generatie All Blacks, achter te laten. En wat daarvoor nodig was betrof slechts één woord: winnen.'

Whanau: eigenaarschap

Van winnen naar winnen. 'Pass the ball', aldus James Kerr in *Legacy*. Een gezamenlijke verantwoordelijkheid (*partnership*) betekent gezamenlijk eigenaarschap. Maar ook persoonlijk eigenaarschap over en ontwikkeling van je meest belangrijke persoonskenmerken. Een wijze van verbondenheid waarbij elk individu bereid is veel meer van zichzelf te geven voor het gemeenschappelijk doel. De All Blacks zijn allen eigenaar van wat er op het veld moet gebeuren en weten daartoe hun belangrijkste persoonskenmerken optimaal in te zetten.

Haka

Haka is de naam van een groep ceremoniële dansen van de Maori's uit Nieuw-Zeeland (maar ook op Samoa en Fiji dansen ze haka's). Tijdens een haka wordt een tekst opgezegd. Door middel van de dans en tekst probeert men de goden (voorvaderen) aan te roepen. Ten onrechte wordt vaak gedacht dat de haka altijd een oorlogsdans is. Er bestaat inderdaad een oorlogsdans (de Peruperu), maar daarnaast bestaan er ook haka's voor bijvoorbeeld begrafenissen. Haka's worden bij allerlei gelegenheden uitgevoerd, bijvoorbeeld ter verwelkoming van toeristen, vaak voor de traditionele *hangi*, een welkomstmaaltijd. Ook bij festiviteiten en sportwedstrijden worden haka's uitgevoerd. Sommige dansen staan vast, sommige laten enige ruimte voor wat de dansers zelf willen laten zien.

De dans zelf bestaat uit een reeks gebaren, vaak beginnend vanuit een door de knieën gebogen spreidstand. Men spant zijn spieren aan en slaat er vervolgens op (bijvoorbeeld achtereenvolgens op de borst, de armen en de bovenbenen). Ook probeert men door een neertrekkende beweging de kracht van de goden vanuit de hemel naar beneden (in de krijger) te trekken. Daarnaast kan men nog variëren in gezichtsuitdrukking, zoals het oogwit en een lange tong laten zien.

Waarschijnlijk de bekendste haka is de Ka Mate, die al jarenlang door het Nieuw-Zeelandse rugbyteam, All Blacks, vóór het begin van iedere wedstrijd wordt uitgevoerd. Bij gelegenheid wordt tegenwoordig ook de controversiële Kapa o Pango of een andere haka opgevoerd. Ook enkele andere internationale teams uit deze regio voeren dit ritueel uit.

'A sign of a good leader is not how many followers you have, but how many leaders you create.'

Mahatma Gandhi, Indiaas politicus (1869-1948)

Mana: talent is goed, karakter is beter

'Talent is irrelevant. It is all about purpose and personal meaning.' 'Leiders creëren geen volgers', aldus managementwetenschapper en leiderschapsgoeroe Tom Peters. 'Zij creëren meer leiders.' Groepsleden die zich eigenaar voelen van een gemeenschappelijk doel en weten dat iedereen op een gegeven moment de meest belangrijke kan (moet) zijn voor het team. In 2011 gebeurde dit Stephen Donald, door velen zeker niet als het allergrootste rugbytalent van de wereld beschouwd.
Een jaar eerder dacht Donald zijn allerlaatste wedstrijd voor All Blacks te hebben gespeeld. Een cruciale wedstrijd eerder tegen Australië speelde hij op zijn minst onfortuinlijk en sindsdien werd hij niet meer door zijn coach opgeroepen. Tijdens het WK van 2011 doodde Donald dan ook zijn tijd met vissen in de Waikato-rivier.

Maar een serie ongelukken trof All Blacks tijdens dit kampioenschap en veranderde de levensloop van Stephen Donald op spectaculaire wijze. Dan Carter – een van de meest getalenteerde spelers van de wereld en zonder twijfel de meest scorende in de geschiedenis van rugby – viel als eerste geblesseerd uit. Een forse aderlating. Zijn collega teamlid Colin Slade volgde even later. Heel Nieuw-Zeeland beefde. Met nog slechts één fly-halfspecialist, de spelbepaler in het rugby en degene die de vrije trappen moet scoren, was All Blacks in grote problemen gekomen. All Blacks-coach Graham Henry belde Stephen Donald: onmiddellijk komen!

In de drieënveertigste minuut van de finale tegen Frankrijk valt ook de laatste spelbepaler en vrijetrappenspecialist Aaron Cruden uit. De Wet van Murphy leek zich voor Nieuw-Zeeland te voltrekken. De net opgeroepen Stephen Donald, die een dag eerder nog viste en de weken ervoor nauwelijks trainingsuren had gehad, moest invallen. Met een geleend All Blacks-shirt dat één tot twee maten te klein bleek. Een land vol fans stopte met ademhalen.

In een van de spannendste finales ooit gaven de Fransen in de laatste minuten een penalty weg. Het belangrijkste moment voor elke vrijetrappenspecialist was daar. Zonder daarvoor gevraagd te hoeven worden stapte Stephen Donald op de bal toe, keek naar beide doelpalen ... en scoorde! Nieuw-Zeelands vierde keus, zonder enige speeltijd in ruim zes weken tijd, stond op en werd de leider van de natie die dag. Een niet meer weg te denken held voor All Blacks en al haar supporters.

Whakapapa, Ubuntu, Whanau en Mana. Leiders creëren leiders. Personen die zich verbonden voelen met het hoger doel, die zich eigenaar voelen van de taken die, ongeacht de omstandigheden, gedaan moeten worden en die de juiste houding aan de dag leggen om duurzaam te kunnen presteren: 'Talent is goed, karakter is beter!'

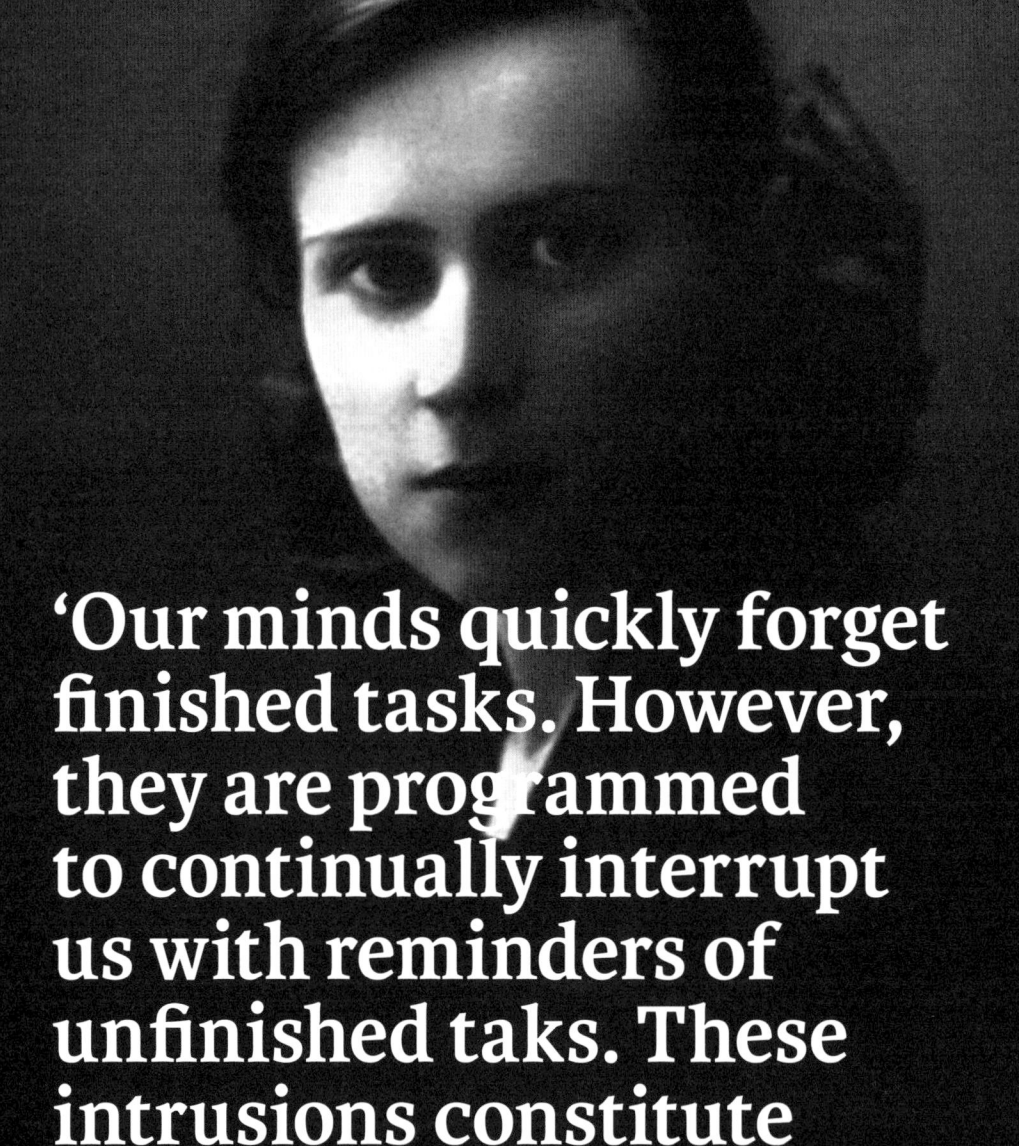

'Our minds quickly forget finished tasks. However, they are programmed to continually interrupt us with reminders of unfinished taks. These intrusions constitute the Zeigarnik Effect.'

Bluma Zeigarnik, Russisch psychologe (1900-1988)

10 De kunst van duurzaam presteren: het Zeigarnik-effect

Huh, het Zeigarnik-effect? Wat is dat zul je je mogelijk afvragen. En wat heeft het te maken met het onderzoek naar prestatie-indicatoren en persoonskenmerken dat tot dusver aan de orde is geweest? Om deze vragen te beantwoorden moeten we terug in de tijd.

De briljante ober

Het is medio jaren twintig van de vorige eeuw in de buurt van de Universiteit van Berlijn als een grote groep medewerkers van de universiteit besluit om te gaan eten in een naburig restaurant. Onder hen de legendarische professor Kurt Lewin, grondlegger van de Positieve Psychologie plus zijn promovendus, een Russische psychologe genaamd Bluma Zeigarnik. Een feestdag, die de geschiedenis zou ingaan als het moment waarop een sociaal-wetenschappelijk fenomeen 'ontstond' dat later bekend werd onder de naam het Zeigarnik-effect. Uit het verhaal ontstond een theorie die verklaarde waarom sommige voetballers legendes, sommige muzikanten rasartiesten en sommige wetenschappers genieën werden. Hun geheim? Het Zeigarnik-effect!

Zoals gezegd vierden Bluma Zeigarnik, haar professor en promotor Kurt Lewin en de overige wetenschappers een feestje in een Berlijns restaurant. Ze aten, dronken en bestelden samen met hun gezelschap hun drankjes, voorgerechten, hoofdgerechten en nagerechten steeds bij dezelfde ober, die echter nooit de moeite nam om iets op te schrijven. Hij knikte slechts. Steeds kreeg iedereen de juiste drankjes en het juiste eten voorgeschoteld. Zeigarnik, Lewin en alle andere geleerden stonden versteld van dit staaltje geheugenkunst. Hoe deed hij dat? Zouden zij zelf – als hooggeleerden – ook in staat zijn geweest om dergelijke bestellingen foutloos te onthouden en correct af te leveren? Nee, was het unanieme oordeel. Deze man is een genie!

Nadat iedereen was uitgegeten en het restaurant had verlaten, besefte Bluma Zeigarnik na enkele minuten dat zij haar tasje in het restaurant had laten staan. Ze liep terug en eenmaal gearriveerd bij het restaurant begroette ze de dienstdoende ober en vroeg zijn hulp om haar tasje te vinden. De ober keek haar met een glazige blik aan. Wie was zij en waar had mevrouw gezeten? Hij leek geen idee te hebben. Zeigarnik stond versteld. Opnieuw. Maar nu om het tegenovergestelde. Hoezo geen idee? De hele avond had de beste man haar en haar hele groep – zonder iets te noteren – foutloos bediend en nu zou hij zelfs haar gezicht zijn vergeten? Nog geen tien minuten na afloop van hun diner? Wat was hier aan de hand?

10 De kunst van duurzaam presteren: het Zeigarnik-effect

Op de vraag hoe hij haar en haar groep zo snel vergeten kon zijn, antwoordde de ober dat hij al zijn bestellingen vergat zodra deze op tafel stonden. En de factuur zodra deze was voldaan. Hij verontschuldigde zich beleefd. Zijn taak was dan volbracht en hij moest zich daarna volledig richten op zijn volgende taken; een nieuwe groep met nieuwe bestellingen. Van al het andere dan de lopende bestellingen, waarvoor hij verantwoordelijk was moest hij zich mentaal afzonderen. Hij kon niet anders. Zijn niet-afgeronde taken: daar ging het om!

> **'Je moet hard werken om in vorm te blijven. En dat is wat ik deed. Wanneer de anderen na afloop van de training naar het strand vertrokken, bleef ik die trappen oefenen.'**
>
> **Pelé**, Braziliaans voetballer (1940)

Door jarenlange training en een bewuste focus had de ober zich een geheugen aangemeten dat foutloos bestellingen kon opnemen. Onbewust en zonder verder iets te noteren. Dat hoefde ook niet, want zijn brein had een systeem en verwerkte simpelweg de bestellingen en wiste na betaling de fictieve nota's.

Zeigarnik en haar mentor, de toen al invloedrijke denker Kurt Lewin, konden het voorval en de ontvangen verklaring niet meer loslaten. Ze vroegen zich af of dit fenomeen mogelijk met een meer algemeen psychologisch beginsel in verband kon worden gebracht. Hebben wij allemaal zo'n onbewust geheugensteuntje voor taken die niet zijn afgerond? Maakt het menselijk geheugen het mogelijk om onbewust een sterk onderscheid te maken tussen afgeronde en niet-afgeronde taken?

Geheugenexperimenten

Zeigarnik besloot om het fenomeen aan een groot aantal geheugenexperimenten te onderwerpen in haar eigen laboratorium. Haar onderzoeken en hypothesen werden bevestigd en het fenomeen van het nut en de mogelijkheden van niet-afgeronde taken was geboren: het Zeigarnik-effect. Als je eenmaal weet wat je moet weten en je hebt daar een plan, een systeem voor bedacht dat je bewust en later onbewust kunt toepassen, dan kun je ontspannen. Je komt in een flow en duurzame prestaties zullen je – onbewust bekwaam – ten deel vallen. Het Zeigarnik-effect is het geheim van de kunst van het duurzaam presteren. Bewust, onbewust ... bekwaam!

Het Zeigarnik-effect is nog altijd uiterst actueel, terwijl zo weinig mensen met dit fenomeen en de mogelijkheden bekend zijn. Het Zeigarnik-effect en zijn theorie geven weer dat niet-afgeronde zaken door ons hoofd blijven spoken tot het moment dat deze zaken zijn afgerond. Denk aan de ober. Zodra de bestelling klaar was en de groep had betaald, kon hij een streep zetten. Ons brein geeft ons geen rust tot het een streep kan zetten door deze niet-afgeronde taken, die vanzelfsprekend wel relevant moeten zijn om ons echt van dienst te kunnen zijn. Het Zeigarnik-effect kan namelijk ook negatieve effecten hebben; denk aan alle oplichtende app'jes op je telefoon. Niet-afgeronde taken die je door anderen worden opgelegd. Daarover later meer.

Een plan is cruciaal

Over de werking van het Zeigarnik-effect hebben in de loop der jaren verschillende theorieën de ronde gedaan, waarbij twee concurrerende hypothesen het debat domineerden. Eén theorie luidde dat het brein onbewust onze doelen bijhoudt om ervoor te zorgen dat we die bereiken en dat deze verdwaalde gedachten dus eigenlijk een goed teken zijn: het onbewuste blijft waakzaam totdat het doel bereikt is.

Inmiddels is er een andere verklaring voor het Zeigarnik-effect die we te danken hebben aan enkele recente experimenten van Maiscampo,[102] een met Baumeister' samenwerkende postdocmedewerker van Florida State University. Voor een onderzoek liet hij studenten nadenken over de wijze waarop zij hun belangrijkste, aankomende tentamen zouden behalen. De helft van de tentamengroep kreeg de opdracht duidelijke studieplannen te maken, waar en wanneer ze zouden studeren. Tijdens de experimenten werd er echter door niemand gestudeerd, maar kregen studenten verschillende andere taken voorgeschoteld. Na afloop van de taken werd hun gevraagd hoe goed ze zich hadden kunnen concentreren en op welke punten hun gedachten eventueel waren afgedwaald.

Het grote verschil in uitkomst zat in de planning; een soort ongeschreven spiekbriefje. Degenen die een plan, een systeem, hadden moeten maken waren met hun gedachten relatief weinig afgedaald. Bij studenten zonder plan of systeem was een grote onrust ontstaan en bleek de focus op hun belangrijkste opdracht, het tentamen, ver te zoeken.

Het Zeigarnik-effect blijkt niet, zoals tientallen jaren werd aangenomen, een soort repeteerwekker die blijft afgaan tot de taak is afgerond. Het onbewuste dringt er bij het bewuste op aan een plan te maken met details, plaats en omstandigheden. Zodra dat plan er is, hoeft het onbewuste het bewuste niet langer lastig te vallen met aansporingen en kun je je ontspannen.[103]

Hoe fijn zou het zijn als we – net als Zeigarniks ober – een plan, systeem zouden kunnen ontwikkelen, dat allereerst bewust en later mogelijk onbewust onze belangrijkste taken zou kunnen helpen afronden en tot duurzaam presteren zou kunnen leiden? Een 'spiekbriefje' waarop je nooit meer hoeft te kijken omdat je weet wat je moet doen om jezelf, je team of je organisatie opnieuw succesvol te laten zijn?
Dit plan – dit spiekbriefje voor duurzaam presteren – heb ik je met dit onderzoek willen aanreiken: op welke persoonskenmerken dien je je als professional nu te richten om van winnen naar winnen te kunnen komen? Welke persoonskenmerken zijn echt belangrijk voor duurzaam presteren?

Onze 'Wunderkinder' zijn niet zomaar genieën geworden. Ze hebben op het gebied van zelfmanagement vaak één ding gemeen: het onbewust bekwaam toepassen van het Zeigarnik-effect. Ze stellen zichzelf doelen die ertoe doen en die bij hen passen – maken er een plan voor – en kunnen niet meer stoppen voordat die klus geklaard is. Om weer te beginnen aan een volgend doel, een volgende, niet-afgeronde taak, die hen helpt hun 'waarom' te bereiken: whakapapa. 'To leave the jersey in a better place.' Ze zijn onbewust bekwaam geworden. De hoogste fase van bekwaamheid.

Abraham Maslow

Volgens Maslow zijn er vier leerstadia, die feitelijk onze groeistadia op weg naar bewustwording en bewustzijn betreffen. Maslow is vooral bekend als specialist op het gebied van de humanistische psychologie met zijn baanbrekende theorie over menselijke behoeftehiërarchie: de piramide van Maslow. In het kader van bewustzijn, bekwaamheid en leerfasen reikt Abraham Maslow ons de volgende stappen aan om tot duurzaam presteren te kunnen komen.

Fase 1: Onbewust onbekwaam

Bewustwording is de belangrijkste fase in het proces naar duurzaam presteren. We zijn ons heel vaak niet bewust van onze gedragspatronen en de effecten daarvan. We leven ons leven zoals het komt, zonder ons bewust te zijn waarom we niet presteren zoals we zouden kunnen doen. Op deze momenten kun je jezelf onbewust onbekwaam noemen. Je reageert, handelt en gedraagt je op de automatische piloot en begrijpt maar niet waarom je telkens weer tegen dezelfde dingen aanloopt. Wanneer je je hiervan echter bewust wordt, dan kun je je leven weer in eigen hand gaan nemen. Het Zeigarnik-effect begint zich te ontwikkelen: er liggen niet-afgeronde taken en doelen op je te wachten.

Stap 2: Bewust onbekwaam
Wanneer je beseft dat er niet-afgeronde taken liggen te wachten en weet dat wat je doet niet het goede is om deze te bereiken, dan ben je bewust onbekwaam geworden. Je begrijpt dat er meer is of nodig is om je doelen te kunnen behalen en om duurzaam te kunnen presteren, maar je voelt je nog onbekwaam en onmachtig hier iets aan te doen. Nu word je voor het eerst ook rechtstreeks geconfronteerd met de vaak ongewenste gevolgen van je huidige gedrag. In deze fase ontstaat inzicht, dat nog niet is opgevolgd door actie en veranderingsgezindheid. Het Zeigarnik-effect is geboren.

Stap 3: Bewust bekwaam
Veranderen, aanpassen en nieuwe doelen nastreven betreffen een altijd voortdurend proces. Duurzaam presteren is als een lemniscatisch achtje – van denken naar doen, van actie naar reactie. Beide polen hebben elkaar nodig en houden elkaar in evenwicht om tot volledige wasdom te kunnen komen. Het lemniscatisch denken gaat ervan uit dat niets bestaat zonder het tegenoverliggende deel. Een eeuwenoude filosofie die ons huidig denken én doen zo veel houvast kan bieden. Er zijn veel voorbeelden te geven van tegenstellingen als deze. Zonder tegenspoed geen voorspoed. Zo gaat het ook met duurzaam presteren: je moet eerst bewust onbekwaam zijn om later onbewust bekwaam te kunnen worden. Door voor jezelf een plan, een systeem, te ontwikkelen waarmee je prestaties kunt gaan afdwingen. Een plan dat je later mogelijk niet eens meer nodig hebt: het zit inmiddels in je systeem.

Stap 4: Onbewust bekwaam
Wanneer je in staat bent om nieuw gedrag zonder nadenken in te zetten, dan ben je onbewust bekwaam geworden. Je zet automatisch je nieuwe effectievere gedrag in en het wordt een soort tweede natuur. Er is geen

verschil meer tussen intentie en uitkomst. Je hebt het stuur volledig in eigen handen. Je hebt het Zeigarnik-effect omarmd: de kunst van duurzaam presteren!

Onbewust bekwaam

Toen ik het verhaal over de ontdekking van Bluma Zeigarnik las, wist ik het: welk spiekbriefje had ik in mijn leven zelf willen hebben en zelf willen gebruiken om me als persoon te kunnen verbeteren en welk spiekbriefje had ik als ondernemer willen hebben om me te omringen met de beste professionals, die mij en mijn onderneming naar mijn hoger doel hadden kunnen helpen. En welk spiekbriefje zou ik mijn nog jonge kinderen willen aanreiken?

Het verhaal van Billy Beane en het concept van Bluma Zeigarnik over het onbewust bekwaam kunnen presteren kwamen samen en waren de aanleiding om mijn onderzoek naar prestatie-indicatoren en persoonskenmerken – mijn eigen *Moneyball* – uit te voeren. Om hiermee mogelijk een plan, systeem te kunnen bouwen om onszelf en onze organisaties te kunnen ontwikkelen naar een stadium van duurzaam presteren.

De kunst van duurzaam presteren zit in het onbewust bekwaam realiseren van je hoogste doelen – je voornaamste niet-afgeronde taken – door het planmatig inzetten van de vandaag de dag meest belangrijke prestatiecriteria en persoonskenmerken voor duurzaam presteren. Waarbij geldt: (enig) talent is goed, (het juiste) karakter is alles. Persoonskenmerken als zelfeffectiviteit en aanpassingsvermogen maken het verschil!

Welke doelen wil je nastreven? Hoe kun je je aanpassingsvermogen, zelfeffectiviteit en bevlogenheid vergroten? Creëer een bewustzijn van je niet-afgeronde taken. Zodra je je focust op doelen die voor jou echt belangrijk zijn, zal je brein je dwingen om in actie te komen en een plan te maken. Heb je eenmaal dat plan, dat systeem voor ogen, dan kun je loslaten – zonder focus te verliezen.

Loslaten en toch focussen

Vele grote kampioenen gebruiken het Zeigarnik-effect ook om op het juiste moment hun ultieme prestaties te kunnen behalen. Om hun spanning vlak voor de wedstrijd volledig los te kunnen laten door zich te richten op nog een taak die niet is afgerond. Eentje die de span-

---

'Door de jaren heb ik geleerd dat als je te veel nadenkt over hoe je een race moet lopen, je daar gestrest van raakt. Ik probeer er juist niet aan te denken.'

Usain Bolt, Jamaicaans atleet (1986)

ning wegneemt van de andere. Bijvoorbeeld Usain Bolt. Vlak voor zijn belangrijkste wedstrijden speelt hij videospelletjes, waarbij hij het laatste spelletje bewust niet afrondt zodat zijn brein hem hieraan laat denken en niet aan de inmiddels opgebouwde spanning van de olympische finale. Ikzelf probeer vlak voor grote presentaties te denken aan de nog niet-afgeronde serie op Netflix. Of aan een binnenkort te lopen langeafstandloop waarop ik me verheug. Er zijn vele niet-afgeronde taken te verzinnen die ons kunnen helpen te ontspannen vlak voor spannende aangelegenheden.

Het Zeigarnik-effect heb ik zelf lang niet altijd bekwaam gebruikt, besefte ik. En nog steeds doe ik dat niet altijd goed. Want het Zeigarnik-effect geldt ook voor niet-afgeronde taken die er veel minder toe doen dan onze persoonlijke ontwikkeling of het presteren van onze teams of organisaties. Denk aan het oplichtende scherm van je telefoon bij een inkomende e-mail, een Facebook-bericht of een tweet. Ook hier wil je brein direct aandacht aan besteden. Het vergt dan ook een bepaalde bekwaamheid om het belang te onderscheiden van niet-afgeronde taken. Focus het Zeigarnik-effect daarom op jouw belangrijkste niet-afgeronde taken: jouw waarom, jouw hoogste doelen, jouw whakapapa. Ga op onderzoek uit, ontwikkel jouw cruciale persoonskenmerken en leer vertrouwen op het Zeigarnik-effect: bevlogenheid en duurzame prestaties zullen je ten deel vallen!

Het Zeigarnik-effect in de praktijk

Enkele voorbeelden van organisaties en individuen die, door het inzetten van een ultieme nooit-afgeronde taak – hun waarom – het Zeigarnik-effect bewust of onbewust gebruiken of gebruikten om duurzame prestaties na te streven. Een hoger doel dat altijd nagestreeft moet blijven worden (zie ook gebruik hashtags Twitter en Facebook):

- **KWF**   'Love life. Fight cancer   #LoveLifeFightCancer
- **Wereld Natuur Fonds** 'Save Our Heritage'   #SaveOurHeritage
- **CoolBlue**   'Alles voor een glimlach'   #allesvooreenglimlach
- **Max Verstappen**   'Keep Pushing'   #keeppushing
- **Earl Woods**   'How To Train a Tiger'   #howtotrainatiger
- **Tony Chocolonely**   '100% slaafvrije chocolade'   #100%slaafvrij
- **Apple**   'Think Different'   #ThinkDifferent
- **Lego**   'Make Your World Possible'   #MakeYourWorldPosibble
- **Efteling**   'Wereld vol wonderen'   #'WereldVolWonderen
- **Usain Bolt**   'Don't think limits'   #DontThinkLimits
- **FC Barcelona**   'More than a club'   #MesQueUnClub
- **KLM**   'Moving Your World'   #MovingYourWorld

Werving en selectie

Om resultaten na te kunnen streven moet je de juiste mensen selecteren, zoveel is duidelijk. Mensen met de juiste *mana,* aldus All Blacks. Professionals met de juiste persoonskenmerken en prestatie-indicatoren om te kunnen presteren, zo zou Billy Beane kunnen zeggen. Personen die het gezamenlijke doel nastreven, bevlogen zijn, die om kunnen gaan met mentale en fysieke taakeisen, die passen bij de organisatie en die beschikken over de persoonskenmerken die tegenwoordig gevraagd worden. 'Get the right people in the bus – je bent het gemiddelde van de mensen om je heen.' De juiste mensen selecteren is na het vinden van je doel, het belangrijkste wat je als ondernemer, leider, hr-functionaris of teammanager moet kunnen. Een goed plan, systeem kan daarbij helpen.

All Blacks begint haar werving- en selectieproces altijd bij het belangrijkste dat ze voor ogen heeft: het nastreven van *whakapapa* – het hoger doel. En er is één doel dat boven alle andere staat. Het gaat All Blacks namelijk niet om winnen ten koste van alles. Juist niet. Het gaat om de uitvoering, de trots, de beleving en de bevlogenheid waarmee de juiste doelen worden nagestreefd. Met uiteindelijke slechts het ene doel voor ogen: *To leave the black jersey in a better place*. Het zwarte shirt is een symbool van excellentie, hard werken en van persoonlijke en gezamenlijke opoffering om de beste van de wereld te willen worden.

Gevraagd naar de wijze waarop All Blacks haar spelers voor haar teams selecteerde, was het antwoord van voormalig All Blacks-coach Wayne Smith eenvoudig en volstrekt duidelijk: 'Talent was irrelevant. We carefully picked the players. We used *matrices* to back intuition, because there are certain *stats* in rugby that determine the player's character. So we picked high work rate, strong body movers, guys that were unselfish and had a sacrificial mindset.'

Dichterbij de aanleiding en de resultaten van mijn onderzoek kon zijn uitspraak nauwelijks komen: 'Talent is goed, karakter is beter.' Intrinsieke motivatie, aanpassingsvermogen en zelfeffectiviteit zijn de sleutels tot duurzaam presteren. Zoek de kandidaten waarbij die prestatie-indicatoren het sterkst aanwezig zijn, en zorg voor de juiste prestatiecultuur door de juiste doelstellingen met het optimale Zeigarnik-effect.

'To leave the jersey in a better place' is het ultieme voorbeeld van een Zeigarnik-effect: een mooiere, niet-afgeronde taak is nauwelijks denkbaar. 'The score takes care of itself.'

'Management is, above all, a practice where art, science, and craft meet.'

Henry Mintzberg, Amerikaans managementdenker (1939)

FOTO: Owen Egan

Conclusie en samenvatting

Waarom blijft de ene organisatie succesvol, terwijl andere organisaties uiteenvallen en verdwijnen? Waarom weet die ene persoon zijn succes te herhalen, terwijl eigenlijk niemand dat verwachtte? Waarom en waarop worden hier in Nederland sommige talenten aangenomen en anderen juist afgewezen? En hebben wij mogelijk allemaal dezelfde blinde vlek voor het vinden van de juiste medewerker? Uit mijn onderzoek, maar ook uit studies van vele anderen, onder anderen Schmidt en Hunter,[104] Randstad en UvA[105] blijkt dat onze kennis over duurzaam presteren en het gebruik van prestatie- en selectiecriteria volstrekt onvoldoende is. Een andere kijk op talent- en prestatiemanagement lijkt voor veel Nederlandse organisaties hoogstnoodzakelijk om tot duurzame prestaties te kunnen komen. Een perspectief dat uitgaat van: talent is goed, karakter beter!

Leidinggevenden en hr-specialisten zouden veel meer naar het karakter van kandidaten moeten kijken: hun mentale capaciteiten, hun specifieke persoonskenmerken en hun duurzame inzetbaarheid. Hoeveel professionals ontbreekt het momenteel in Nederland niet aan de juiste kansen om hun talenten tot volledige ontplooiing te laten komen? Professionals die wellicht nu nog niet beschikken over de juiste diploma's of achtergrond, maar die er alles voor over hebben om te slagen en zich de benodigde kennis en vaardigheden eigen zullen maken. Niet alleen is dit een gemiste kans voor professionals en organisaties, maar voor heel Nederland. De ontwikkeling van en het creëren van kansen voor professionals met het juiste karakter betreft ons allemaal.

In dit boek heb ik je via vijf thema's een plan, een systeem willen aanreiken om tot duurzaam presteren te komen. Een model dat zowel door professionals als door organisaties gebruikt en ingezet kan worden.

Ik begon het boek met de behandeling van literatuur over het belang van duurzaam presteren, via de metafoor van de *kiss of death* en vanuit het perspectief: eenmaal winnen... is niet goed genoeg! Het tweede thema van duurzaam presteren betrof het element meten = weten, dat via de verhalen over Billy Beane en *Moneyball* leidde tot de start van mijn eigen onderzoek. Het derde thema van duurzaam presteren – het belang van de diverse ingebrachte en onderzochte prestatiecriteria en persoonskenmerken – vind je terug in de hoofdstukken 1 tot en met 8. In hoofdstuk 9 heb ik het belang van een sterke prestatiecultuur behandeld met een uiteenzetting van de bestpresterende organisatie van de afgelopen decennia: All Blacks. En in hoofdstuk 10 werd via het Zeigarnik-effect – en de uitkomsten van studies van onder anderen Baumeister en Maiscampo – uit de doeken gedaan hoe je deze thema's planmatig kunt combineren naar de hoogste vorm van uitvoering; die van onbewuste bekwaamheid.

Conclusie en samenvatting

Via deze vijf thema's ontstond mijn definitie van de kunst van duurzaam presteren:

Het onbewust bekwaam (1) realiseren (2) van je hoogste doelen – je voornaamste niet-afgeronde taken (3) – door het planmatig inzetten (4) van de meest belangrijke prestatiecriteria en persoonskenmerken (5).

Professionele ontwikkeling

In het kader en in figuur 10 vind je het raamwerk met de uit dit onderzoek belangrijkst gebleken persoonskenmerken en prestatiecriteria.

De belangrijkste persoonskenmerken die uit dit onderzoek naar voren kwamen betreffen zelfeffectiviteit (overall op nummer 1), aanpassingsvermogen (2), intrinsieke motivatie (4) en intelligentie. (5). De belangrijkste elementen van bevlogenheid zijn toewijding (6) en vitaliteit (7), het belangrijkste element van organisatiefit; de fit met de leidinggevende en het belangrijkste element van de fit met taakeisen betreft de fit met de gestelde mentale taakeisen (3). Talent zelf is in de overalllijst op plek 9 terug te vinden.

'Keep pushing.'

Max Verstappen, autocoureur (1997)

Doen waar je goed in bent, jezelf en je organisatie steeds weer blijven aanpassen aan nieuwe omstandigheden, ervoor zorgdragen dat je lichamelijk en geestelijk fit bent om te zorgen dat je de gestelde mentale taakeisen aankunt: juist deze kenmerken blijken de succescriteria uit dit onderzoek.

De vijf kenmerken van duurzaam presterende professionals

1. Ken en geloof in je sterke punten – ga daar voor *(zelfeffectiviteit)*.
2. Ontwikkel een groot adaptief vermogen en wees daarmee in staat om de uitdagingen en kansen van morgen op te pakken *(aanpassingsvermogen)*.
3. Wees vitaal en je bewust van de mentale taakeisen die aan je gesteld worden *(vitaliteit/fit met mentale taakeisen)*.
4. Zorg dat je intrinsiek gemotiveerd bent voor het werk wat je doet – draag zorg voor een hoge toewijding *(intrinsieke motivatie/toewijding)*.
5. Ken de waarde van talent: talent wordt overschat, maar helemaal zonder kunnen we ook niet – en zorg dat je op het juiste podium bent *(talent/organisatiefit)*.

Conclusie en samenvatting 157

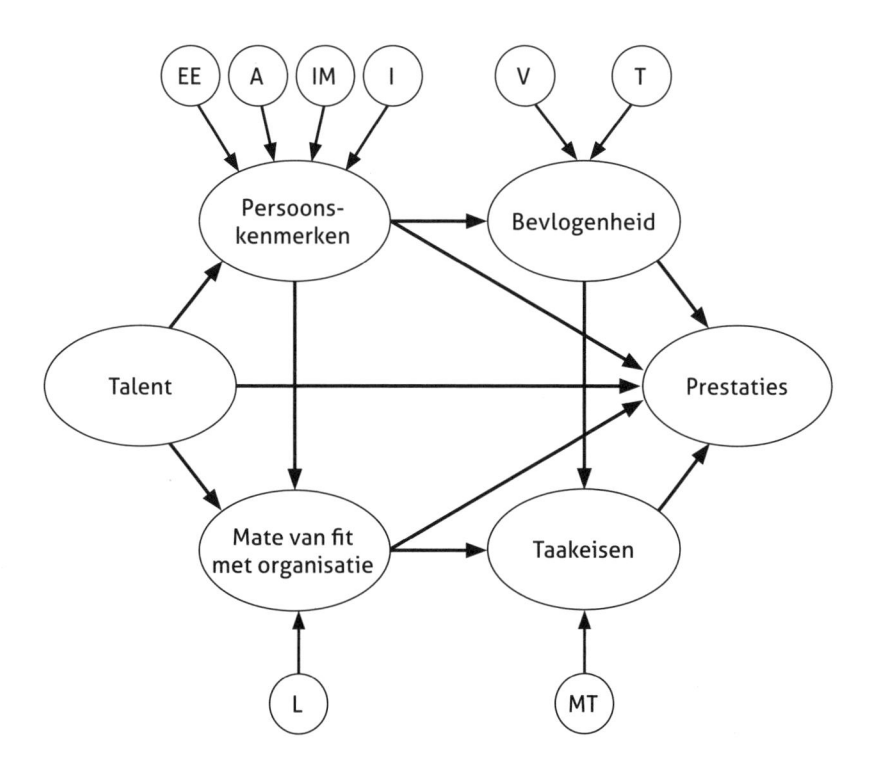

Gebruikte afkortingen

EE =	Eigen effectiviteit	**V** =	Vitaliteit
A =	Aanpassingsvermogen	**T** =	Toewijding
IM =	Intrinsieke motivatie	**L** =	Fit met leidinggevende
I =	Intelligentie	**MT** =	Fit met mentale taakeisen

FIGUUR 10. **RAAMWERK VOOR DUURZAME PROFESSIONELE ONTWIKKELING (VAN TALENT NAAR PRESTATIE)**

Is talent dan helemaal niet nodig? De mate van aanwezig talent bleek wel een positieve correlatie met presteren te bevatten, maar bleek nauwelijks variantie in presteren te verklaren en eindigde overall op plek 9 van de 21 onderzochte prestatiecriteria. Een uitkomst die overeenkomt met veel studies naar wonderkinderen en boeken over het belang van talent: het belang van talent wordt (zwaar) overschat.

Organisatieontwikkeling

Het onderzoeksmodel is ook goed te gebruiken voor organisaties om kandidaten te werven en te selecteren. Het linkerdeel van het model betreft de cruciale persoonskenmerken en de fit met de organisatie. Het rechterdeel betreft de beoordelingscriteria voor als de professional eenmaal aan boord is. Door medewerkers aan te nemen op basis van belangrijke persoonskenmerken als zelfeffectiviteit, aanpassingsvermogen, intelligentie en intrinsieke motivatie plus organisatiefit en later door te selecteren op gebleken bevlogenheid, mentale fit met gestelde taakeisen en behaalde resultaten ontstaat er een betere kans op duurzame prestaties.

Uit mijn onderzoek onder leidinggevenden en senior medewerkers van ruim 1100 professionals, dat werd uitgevoerd tussen 2014 en 2016, kwamen zelfeffectiviteit, aanpassingsvermogen, intrinsieke motivatie en intelligentie als belangrijkste persoonskenmerken voor duurzaam presteren naar voren. Zoals eerder aangegeven dienen deze resultaten met de benodigde voorzichtigheid te worden betracht.

Conclusie en samenvatting 159

Let wel: ondanks het gegeven dat de steekproef driemaal het benodigd aantal respondenten omvatte kent elk onderzoek, waaronder het mijne, zijn beperkingen en limieten en kan vatbaar zijn voor bias en bijvoorbeeld sociaal wenselijke antwoorden. Daarnaast werd het onderzoek cross-sectioneel uitgevoerd (tussen 2014-2016), waardoor op latere momenten andere uitkomsten zouden kunnen worden verkregen. De uitkomsten uit dit onderzoek dienen dan ook enkel als leidraad. Voor elke functie en voor elke sector en elke situatie kan daarbij gelden dat aan bepaalde persoonskenmerken en/of overige prestatiecriteria meer of minder gewicht moet worden toegekend. Het raamwerk van figuur 11 en de lijst van prestatie-indicatoren (pagina 38) kunnen dienen om je eigen werving- en selectiemodel in te richten.

Inselecteren (kwalitatief)   **Doorselecteren** (kwantitatief)

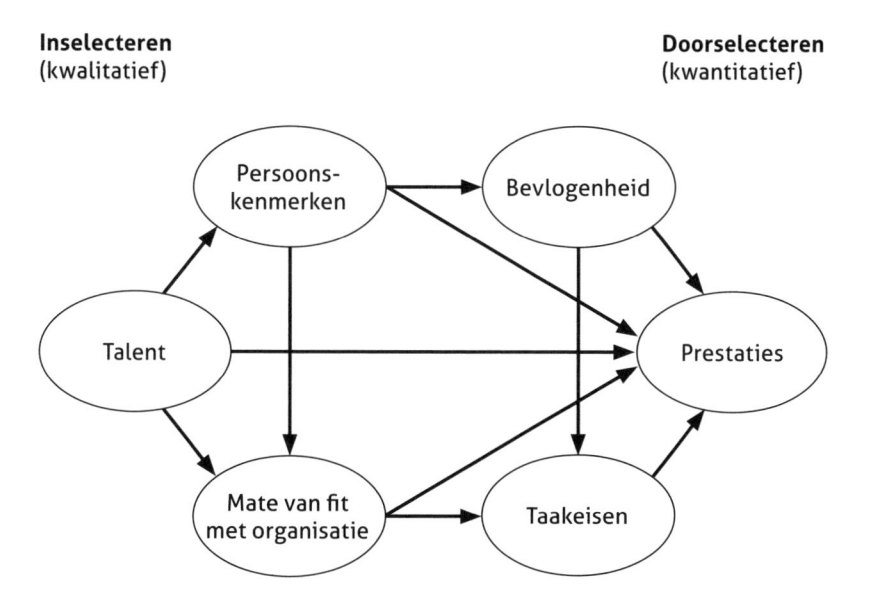

FIGUUR 11. **RAAMWERK VOOR WERVING & SELECTIE**

Door medewerkers te werven en door middel van semi-gestructureerde interviews aan te nemen op basis van zelfeffectiviteit, aanpassingsvermogen, intrinsieke motivatie (zie de vragenlijsten in de tools hierna), een intelligentietest in te zetten en de fit met de directe leidinggevende in te schatten, waarbij het talent voor de functie als voorwaardelijk wordt gesteld, ontstaat een betere kans op duurzame prestaties, zo bleek uit mijn onderzoek. Dit ingevulde raamwerk voor werving en selectie vind je in figuur 12 - Model voor Werving & Selectie.

Na een zelf te bepalen tijdsperiode, een lange proeftijd of bijvoorbeeld een half tot heel jaar inwerktijd, kunnen deze criteria worden aangevuld en kwantitatief worden getoetst met cruciale prestatiekenmerken als bevlogenheid en haar elementen vitaliteit en toewijding en de gebleken fit met de gestelde mentale taakeisen en worden gerelateerd aan reeds behaalde en nog te behalen prestaties.

Conclusie en samenvatting

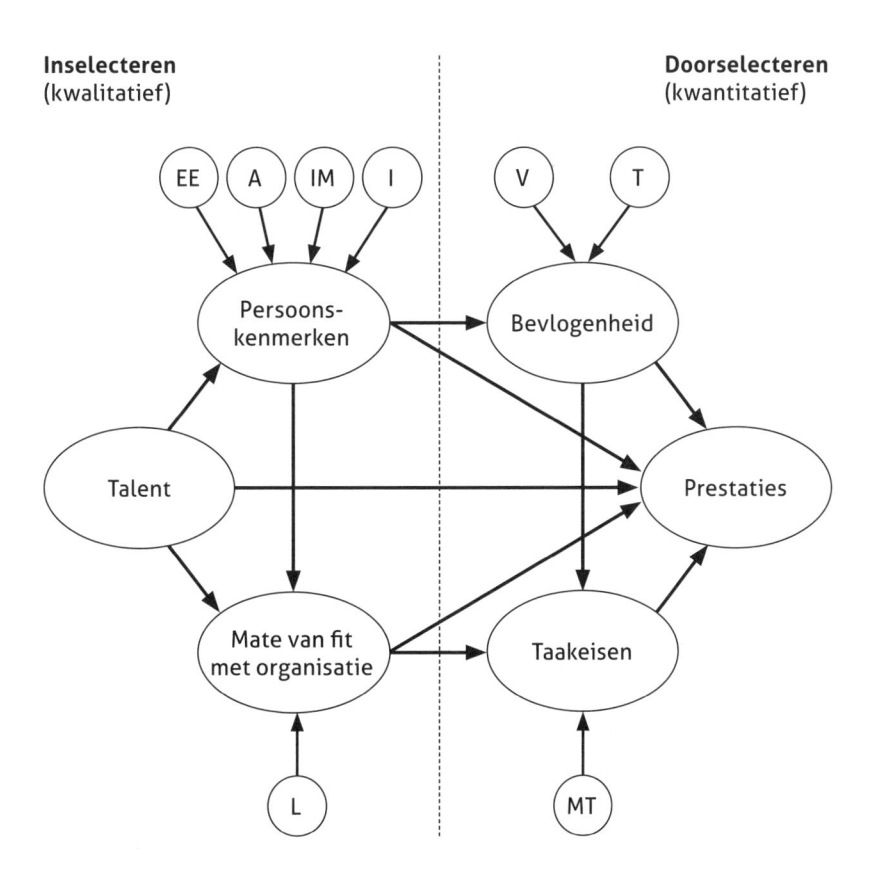

Inselecteren
(kwalitatief)

Doorselecteren
(kwantitatief)

Gebruikte afkortingen			
EE =	Eigen effectiviteit	**V** =	Vitaliteit
A =	Aanpassingsvermogen	**T** =	Toewijding
IM =	Intrinsieke motivatie	**L** =	Fit met leidinggevende
I =	Intelligentie	**MT** =	Fit met mentale taakeisen

FIGUUR 12. **MODEL VOOR WERVING & SELECTIE**

Door medewerkers over langere tijd te monitoren (longitudinaal) en te beoordelen op de uit dit onderzoek als belangrijkste gebleken prestatie-indicatoren, kunnen duurzame prestaties bewerkstelligd en vastgehouden worden. Let wel: hiervoor zijn naast het aannemen en behouden van de juiste medewerkers (People), nog twee P's noodzakelijk: het zorgdragen voor zingeving (Purpose) en het handhaven van de juiste normen en waarden (Principles). Purpose, People, Principles. Of zoals All Blacks ons leert whakapapa, mana, ubuntu.

Met daarbij de P's Passion (haka) en Partnership (whanau) zijn de vijf kenmerken – de 5 P's – van duurzaam presterende organisaties in beeld.

De vijf kenmerken (5 P's) van duurzaam presterende organisaties

1. *People* (mana): selecteer de juiste personen om dit doel na te streven – 'talent is goed, karakter is beter' (P1).
2. *Purpose* (whakapapa)*:* creëer een inspirerende niet-afgeronde taak, een Why: een hoger doel => het Zeigarnik-effect ontstaat! (P2).
3. *Principles* (ubuntu): ontwikkel en handhaaf een sterke organisatiecultuur, gebaseerd op de juiste uitgangspunten normen en waarden (P3).
4. *Passion* (haka): stimuleer duurzame prestaties door continu aandacht aan persoonlijk leiderschap, energie en inspiratie te geven (P4).
5. *Partnership* (whanau): zorg dat medewerkers zich gezamenlijk verantwoordelijk en verbonden voelen voor het te behalen resultaat (P5).

Tools

In dit hoofdstuk vind je diverse tools die je voor jezelf en voor je organisatie kunt gebruiken om tot duurzame prestaties te komen.

Allereerst een Checklist Werving & Selectie die uitgaat van de in dit onderzoek gebleken belangrijkste prestatie-indicatoren. Daarna volgen verschillende vragenlijsten betreffende de belangrijkste prestatiecriteria en persoonskenmerken. Door deze vragen voor jezelf in te vullen, kun jij bepalen in welke mate jij jezelf als zelfeffectief, bevlogen of bijvoorbeeld als iemand met een groot aanpassingsvermogen kunt bestempelen. Je kunt de lijsten ook gebruiken om anderen mee te testen.

Dit toolshoofdstuk wordt afgesloten met voorbeelden van de STAR-methode en haar opvolgers STARR en STARRA.

Checklist Werving & Selectie

Je kunt in deze checklist scores gebruiken die je zelf het makkelijkst vindt, bijvoorbeeld: 1 = zeer laag, 5 = zeer hoog. Of: 1 = heel slecht, 10 = uitmuntend. Waarbij geldt dat niet elke functie binnen elke organisatie op elk moment dezelfde waarde voor een bepaald persoonskenmerk hoeft te hebben. Daarom kolom A: waarde. Indien je geen specifieke uitzondering op de gevonden uitkomsten wilt maken, kun je de onderdelen in kolom A bijvoorbeeld alle de score 1 geven. Op deze wijze geef je de negen uit dit onderzoek belangrijkst gebleken prestatiecriteria dezelfde waarde mee. Mocht je voor specifieke vacatures echter meer willen inzetten op andere specifieke prestatiecriteria dan kun je deze ten opzichte van andere opwaarderen.

Door de scores van kolom A (waarde) te vermenigvuldigen met de scores B (beoordeling) ontstaat er een waardering (kolom C). Je kunt daarna zelf beoordelen of een kandidaat aan het door jou gewenste aanname- of promotieniveau voldoet.

	Selectiecriterium	Waarde (A)	Beoordeling (B)	Waardering A x B (C)
1	Zelfeffectiviteit			
2	Aanpassingsvermogen			
3	Fit met mentale taakeisen			
4	Intrinsieke motivatie			
5	Intelligentie			
6	Vitaliteit			
7	Toewijding			
8	Fit met leidinggevende			
9	Talent			
10	**Totaal**			

Vragenlijst Zelfeffectiviteit[106]

Geef aan in welke mate de volgende uitspraak op jou van toepassing is (tussen 1 en 4):

Nr.	Vraag	Volledig onjuist	Nauwelijks juist	Enigszins juist	Volledig juist
		Score			
1	Het lukt me altijd moeilijke problemen op te lossen, als ik er genoeg moeite voor doe	1	2	3	4
2	Als iemand mij tegenwerkt, vind ik toch manieren om te krijgen wat ik wil	1	2	3	4
3	Het is voor mij makkelijk om vast te houden aan mijn plannen en mijn doel te bereiken	1	2	3	4
4	Ik vertrouw erop dat ik onverwachte gebeurtenissen doeltreffend aanpak	1	2	3	4
5	Dankzij mijn vindingrijkheid weet ik hoe ik in onvoorziene situaties moet handelen	1	2	3	4
6	Ik kan de meeste problemen oplossen als ik er de nodige moeite voor doe	1	2	3	4
7	Ik blijf kalm als ik voor moeilijkheden kom te staan omdat ik vertrouw op mijn vermogen om problemen op te lossen	1	2	3	4
8	Als ik geconfronteerd word met een probleem, heb ik meestal meerdere oplossingen	1	2	3	4
9	Als ik in een benarde situatie zit, weet ik meestal wat ik moet doen	1	2	3	4
10	Wat er ook gebeurt, ik kom er wel uit	1	2	3	4

Normscore (eigen interpretatie)

Zelfeffectiviteit
Totaalscores vragen: 1 t/m 10 = ... gedeeld door 10 = ...

Vragenlijst Aanpassingsvermogen[107]

Geef aan in welke mate de volgende uitspraak op jou van toepassing is (tussen 1 en 4; let op omgekeerde waardering):

Nr.	Vraag	Volledig mee eens	Ten dele mee eens	Ten dele mee oneens	Volledig mee oneens
		Score			
1	Ik raak gefrustreerd door verandering	1	2	3	4
2	Ik kijk uit naar verandering op het werk	1	2	3	4
3	Meestal verzet ik me tegen veranderingen	1	2	3	4
4	De top profiteert het meest van veranderingen in tegenstelling tot de medewerkers	1	2	3	4
5	Ik ben geneigd altijd nieuwe ideeën uit te proberen	1	2	3	4
6	Meestal ondersteun ik nieuwe ideeën	1	2	3	4
7	De meeste veranderingen vind ik prettig	1	2	3	4
8	Doorgaans helpt verandering bij het verbeteren van onbevredigende situaties op het werk	1	2	3	4
9	Meestal aarzel ik om nieuwe ideeën uit te proberen	1	2	3	4

Normscore (eigen interpretatie)

Aanpassingsvermogen
Totaalscores vragen: 1 t/m 9 = ... gedeeld door 9 = ...

Vragenlijst Bevlogenheid[108]

Geef hierna aan in welke mate de volgende uitspraak op jou van toepassing is (tussen 0 en 6):

Nr.	Vraag	Nooit	Sporadisch	Af en toe	Regelmatig	Dikwijls	Zeer dikwijls	Altijd
1	Op mijn werk bruis ik van energie	0	1	2	3	4	5	6
2	Ik vind het werk dat ik doe nuttig en zinvol	0	1	2	3	4	5	6
3	Als ik aan het werk ben, dan vliegt de tijd voorbij	0	1	2	3	4	5	6
4	Als ik werk voel ik me fit en sterk	0	1	2	3	4	5	6
5	Ik ben enthousiast over mijn baan	0	1	2	3	4	5	6
6	Als ik werk vergeet ik alle dingen om me heen	0	1	2	3	4	5	6
7	Mijn werk inspireert me	0	1	2	3	4	5	6
8	Als ik opsta heb ik zin om aan het werk te gaan	0	1	2	3	4	5	6
9	Wanneer ik heel intensief aan het werk ben voel ik mij gelukkig	0	1	2	3	4	5	6
10	Ik ben trots op het werk dat ik doe	0	1	2	3	4	5	6
11	Ik ga helemaal op in mijn werk	0	1	2	3	4	5	6
12	Als ik aan het werk ben, dan kan ik heel lang doorgaan	0	1	2	3	4	5	6
13	Mijn werk is voor mij een uitdaging	0	1	2	3	4	5	6
14	Mijn werk brengt mij in vervoering	0	1	2	3	4	5	6
15	Op mijn werk beschik ik over een grote mentale (geestelijke) veerkracht	0	1	2	3	4	5	6

Normscores

Vitaliteit
Totaalscores vragen: 1 + 4 + 8 + 12 + 15 = ... gedeeld door 5 = ...

Toewijding
Totaalscores vragen: 2 + 5 + 7 + 10 + 13 = ... gedeeld door 5 = ...

Absorptievermogen
Totaalscores vragen: 3 + 6 + 9 + 11 + 14 = ... gedeeld door 5 = ...

Bevlogenheid
Totaalscores vragen: 1 t/m 15 = ... gedeeld door 15 = ...

De STAR- en STARR(A)-methode

Ondernemers, leidinggevenden en hr-functionarissen kunnen deze vragenlijsten gebruiken als inspiratiebron voor het stellen van gerichte vragen binnen het gestructureerd interview, bijvoorbeeld door gebruik te maken van de STAR-methode. De STAR-methode is een veelgebruikte en goede interviewtechniek om kwaliteiten van sollicitanten mee in kaart te brengen. STAR staat voor: situatie, taak, actie en resultaat.

Om bijvoorbeeld de mate van zelfeffectiviteit van een sollicitant in kaart te krijgen, kun je als volgt te werk gaan.

Vraag 1 (zie ook vraag 1 van de Vragenlijst Zelfeffectiviteit)
(door interviewer te stellen, door sollicitant te beantwoorden)

- *Situatie*: Ga op zoek naar een situatie in je werkverleden waarin je grote moeilijke problemen op je werk ondervond, maar deze toch wist op te lossen omdat je er genoeg moeite voor deed. Zorg bij het beantwoorden van deze vraag dat je het beste voorbeeld van jezelf naar boven haalt.
- *Taak*: Beschrijf in het kort wat de situatie was, het liefst met het centrale probleem erin verwerkt. Zet je taak of rol binnen die situatie zo goed mogelijk uiteen.
- *Actie*: Benoem de zaken die je feitelijk hebt gedaan om het probleem op te lossen, dus je concrete eigen acties.
- *Resultaat*: Benoem de uiteindelijke resultaten en jouw aandeel in deze!

Vraag 2 (zie ook vraag 2 van de Vragenlijst Zelfeffectiviteit)
(door interviewer te stellen, door sollicitant te beantwoorden)

- *Situatie*: Ga op zoek naar een situatie in je werkverleden waarin iemand je flink tegenwerkte, maar je toch een manier wist te vinden om te krijgen wat je wilde. Zorg bij het beantwoorden van deze vraag dat je het beste voorbeeld van jezelf naar boven haalt.
- *Taak*: Beschrijf in het kort wat de situatie was, het liefst met het centrale probleem erin verwerkt. Zet je taak of rol binnen die situatie zo goed mogelijk uiteen.
- *Actie*: Benoem de zaken die je feitelijk hebt gedaan om het probleem op te lossen, dus je concrete eigen acties.
- *Resultaat*: Benoem de uiteindelijke resultaten en jouw aandeel in deze!

Waardering
Waardeer alle gegeven antwoorden met bijvoorbeeld:
- 5 voor zelfeffectief;
- 4 ruim voldoende zelfeffectief;
- 3 voldoende zelfeffectief;
- 2 enigszins zelfeffectief;
- 1 nauwelijks zelfeffectief.

Zo ontstaat er een totaalbeeld van de zelfeffectiviteit van de kandidaat. Door deze vorm ook toe te passen op de overige prestatiecriteria en persoonskenmerken ontstaat er een gestructureerd overzicht van de overallkwaliteit van de sollicitant.

De STARR- en STARRA-methode
De STAR-methode gaat nog een stap verder bij het selecteren van de juiste medewerker. Hierbij wordt de STAR-methode verlengd met een extra element; de R van reflectie.

- *Reflectie*: Wat heb je geleerd van deze situatie? Wat zou je met de wetenschap van nu anders doen? Wat heeft het je geleerd over jezelf? Wat dien je op basis hiervan aan te passen met het oog op de toekomst?

Knegtmans gaat in zijn boek *Agile Talent* nog een stap verder. In dit boek verlengt hij de STARR-methode met nog een extra element; de A van Aanpassing (de STARRA-methode):
- *Aanpassing*: Wat heb je vervolgens gedaan met de reflectie? Hoe heb je het geleerde geïmplementeerd zodat je niet alleen de analyse hebt gedaan, maar ook een concrete en meetbare vertaalslag in nieuw gedrag of nieuwe werkwijzen hebt gemaakt?

Bijlagen

Bijlage I – Verantwoording van het onderzoek

Een gevalideerd onderzoek onder een doelgroep als de onderhavige behoeft op wetenschappelijke gronden 384 respondenten (zie uitleg daarover hieronder). Ik besloot echter – om een echt fundament voor uitspraken te kunnen krijgen – dit aantal te verdrievoudigen.

Respondenten

Zoals aangegeven is het onderzoek uitgevoerd onder senior medewerkers en leidinggevenden van ruim 1100 professionals, allen werkzaam binnen diverse sectoren van de Nederlandse dienstverlening tussen 2014 en 2016. Het getal van 1100 lijkt daarbij willekeurig, maar had dus wel degelijk een achtergrond en argumentatie. De respondenten betroffen deelnemers aan leiderschapsprogramma's binnen en buiten Nyenrode Business Universiteit, die allen vanuit een senioriteitspositie uitspraken konden doen over duurzaam presteren van bij hen werkzame professionals. Om bias en sociaal wenselijke antwoorden te voorkomen, dienden leidinggevenden en senior medewerkers hun te beoordelen professionals volstrekt anoniem en willekeurig te kiezen. Dit konden dus zowel uitstekend presterende als matig presterende professionals zijn wiens namen en posities voor de onderzoeker en anderen volledig onbekend bleven. De kans op bias en sociaal wenselijke antwoorden was daarmee zoveel mogelijk uitgesloten.

Steekproefgrootte

Het berekenen en tevens bepalen van de steekproefgrootte is een vak apart, omdat er gebruikgemaakt wordt van ingewikkelde formules. De grootte van de benodigde geschikte steekproef wordt veelal bepaald door de grootte van de populatie, de gewenste betrouwbaarheid, de nauwkeurigheid en de foutmarge waarmee uitspraken kunnen worden gedaan die een zo goed mogelijk beeld geven van de werkelijkheid. Achtereenvolgens zal nu elk begrip worden toegelicht.

Populatie

De grootte van de populatie komt overeen met het antwoord op de volgende vraag: uit hoeveel mensen bestaat de totale doelgroep? Het kan zijn dat de grootte van de populatie niet bekend is. In dit geval kon het getal 20.000 ingevuld worden, omdat de steekproefgrootte niet veel wijzigt voor populaties die groter zijn dan 20.000. In mijn onderzoek naar professionals maakte ik gebruik van studenten en deelnemers van leiderschapsprogramma's. Respondenten die een opleiding als Master of Business of een Master of Science in Business Administration genoten. Reeds hoogopgeleiden, in de regel leidinggevenden en senior medewerkers die gevraagd werden de prestatieindicatoren van anoniem en willekeurig te kiezen naaste medewerkers in te vullen. Bijna drie op de tien 15- tot 75-jarigen in Nederland zijn hoogopgeleid,[109] maar vanzelfsprekend zijn niet allen van hen werkzaam als professional. Nederland kent volgens het CBS momenteel zeven miljoen werkenden, vanzelfsprekend niet allen in de dienstverlening, waarbinnen dit onderzoek zich heeft afgespeeld. Voor dit onderzoek is een populatiegrootte van één miljoen aangehouden om de steekproefgrootte (mede) te bepalen. Zoals aangegeven verandert deze echter nauwelijks meer bij populaties boven 20.000.

Betrouwbaarheid

In de praktijk hanteren marktonderzoekbureaus verschillende betrouwbaarheidspercentages om de steekproefgrootte te berekenen. Veelal worden er uitspraken gedaan op basis van een betrouwbaarheid van 95%, wat wil zeggen dat de onderzoeksresultaten in 19 van de 20 gevallen gelijk zullen zijn. Overige betrouwbaarheidspercentages die in mindere mate worden gebruikt, zijn 90% en 99%. Voor dit onderzoek werd een betrouwbaarheidspercentage van 95% gebruikt.

Nauwkeurigheid

Ieder onderzoek op basis van een steekproef geeft afwijkingen ten opzichte van de werkelijkheid. Deze afwijking wordt nauwkeurigheidsmarge of steekproefmarge genoemd. Deze marge is afhankelijk van de grootte van de steekproef en van het gevonden percentage in het onderzoek. Over het algemeen geldt hoe groter de steekproef, hoe kleiner de nauwkeurigheidsmarge en hoe meer het percentage rond de 50% ligt, hoe groter de nauwkeurigheidsmarge.

Een voorbeeld: bij een steekproefomvang van n = 100 is de maximale nauwkeurigheidsmarge 9,8%. Dat betekent dat als uit het onderzoek komt dat 50% van de respondenten man is, het werkelijke percentage mannen in de populatie tussen de 40,2% en 59,8% ligt. Bij een gevonden percentage van 10% is de nauwkeurigheidsafwijking echter 5,9%. Dat betekent dat als uit het onderzoek komt dat 10% man is, dit in werkelijkheid tussen de 4,1% en de 15,9% ligt. Het is gebruikelijk om, bij het bepalen van de gewenste steekproefgrootte, uit te gaan van een uitkomst van 50%. Bij dit percentage is de nauwkeurigheidsmarge het grootst. Over het algemeen wordt veel gewerkt met steekproefgroottes waarbij de maximale nauwkeurigheidsafwijking 5% is.[110] Dat gold ook voor dit onderzoek.

Voor een onderzoek zoals dit, waarin de uitkomsten gegeneraliseerd moeten kunnen worden naar alle professionals werkzaam binnen de Nederlandse dienstverlening, met een gewenste steekproefmarge van 5% en een gewenst betrouwbaarheidsniveau van 95% zou de steekproefgrootte 384 respondenten moeten omvatten.

Onderzoeksmodel

Welke persoonskenmerken zijn nu zo belangrijk voor duurzaam presterende professionals? En op welke wijze zijn prestatiecriteria aan elkaar te linken? Op basis van gevonden literatuur en uitkomsten uit onderzoeken ontstond het volgende onderzoeksmodel:

De kunst van **duurzaam presteren**

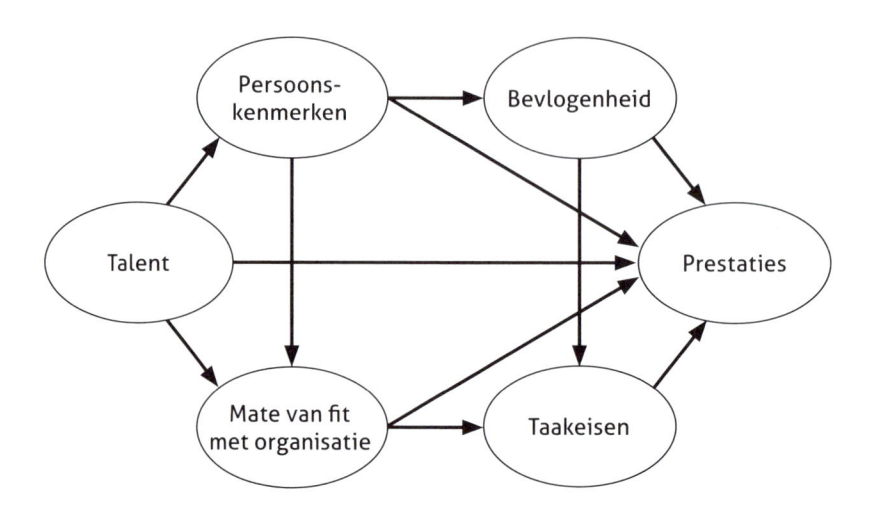

```
        Persoons-          Bevlogenheid
        kenmerken

Talent                                    Prestaties

        Mate van fit        Taakeisen
        met organisatie
```

FIGUUR 13. ONDERZOEKSMODEL

Met behulp van dit onderzoeksmodel besloot ik de senior medewerkers en leidinggevenden van ruim 1100 professionals te vragen naar de mate van waarin zij hun medewerker of collega zouden waarderen op vragen als: 'Deze medewerker is bovengemiddeld intrinsiek gemotiveerd om uit te blinken', 'Vergeleken met zijn/haar collega's heeft deze medewerker gemiddeld genomen veel minder / minder / neutraal / meer / veel meer natuurlijke begaafdheid en aangeboren aanleg om in zijn of haar vak uit te blinken', 'Vergeleken met zijn/haar collega's heeft deze medewerker gemiddeld genomen veel minder / minder / neutraal / meer / veel meer wilskracht om uit te blinken, 'Deze medewerker heeft een bovengemiddeld zelfvertrouwen in lastige situaties', met antwoorden mogelijk als 'Helemaal eens, eens, neutraal, oneens en helemaal oneens. In totaal werden op deze wijze ruim 1100 professionals beoordeeld op de mate waarin zij beschikten over de mate van talent voor hun vak, de mate waarin zij voldeden aan twaalf persoonskenmerken, de drie elementen van bevlogenheid, drie aspecten van organisatiefit, de mate waarin zij waren opgewassen tegen de gestelde mentale en fysieke aspecten van hun uit te oefenen functie en in welke mate zij in staat waren geweest om de afgelopen jaren zowel individueel als in teamverband te presteren. De vijf concepten die hierbij in kaart werden gebracht waren:

- de mate van talent voor het vak dat zij uitoefenden;
- de mate van bepaalde persoonskenmerken;
- de mate van fit met de organisatie;
- de mate van bevlogenheid;
- de mate van fit met gestelde (fysieke en mentale) taakeisen.

Deze elementen werden vervolgens gerelateerd aan de mate van het leveren van duurzame prestaties door professionals, zowel individueel als in teamverband.

Hypothesen

Het doel van het onderzoek betrof het testen van de verschillende ingebrachte hypothesen. Om deze hypothesen te kunnen testen werden de ingebrachte variabelen allereerst getest op normaliteit, betrouwbaarheid en interne consistentie door het uitvoeren van verschillende factoranalyses en het berekenen van onder andere Cronbach's alpha- en KMO-scores. De Cronbach's alpha-scores van alle ingebrachte variabelen varieerden tussen 0.711 en 0.861, welke scores als ruim voldoende tot zeer goed worden geïnterpreteerd. De KMO-scores van alle ingebrachte variabelen varieerden tussen .500 en .883, welke scores als acceptabel tot zeer acceptabel gelden.

Na het uitvoeren van deze voorbereidingstesten konden de verschillende correlatie- en (multiple)regressieanalyses worden uitgevoerd om de diverse hypothesen te testen en het belang van de verschillende variabelen en ingebrachte persoonskenmerken te wegen.

Het onderzoeksmodel zelf werd getoetst door middel van Structural Equation Modelling, gebruikmakend van het programma AMOS. De diverse analyses en tabellen vind je in de volgende bijlagen.

Bijlage II – Belangrijkste uitkomsten van het onderzoek naar prestatie-indicatoren

Verklaarde variantie (bèta) voor prestaties (significantie):
1. Mate van zelfeffectiviteit = ,198 (.000)
2. Mate van aanpassingsvermogen = ,161 (.000)
3. Fit met mentale taakeisen = ,153 (.000)
4. Intrinsieke motivatie = ,089 (.004)
5. Intelligentie = ,060 (.016)
6. Toewijding = ,056 (.039)
7. Vitaliteit = ,050 (.060)
8. Fit met fysieke taakeisen = ,041 (.090)
9. Talent = ,049 (.094)
10. Extrinsieke motivatie = ,034 (.099)

Item 1-4: significant < 0.005
Item 5-6: significant < 0.05
Item 7-10: significant < 0.1

* Bij de andere items werd geen significante relatie aangetroffen.

Bijlage III – Correlatiematrix

Correlations		Talent	Wils-kracht	Zelf-behoud	Intrin-sieke motivatie	Extrin-sieke motivatie	Opti-misme	Eigenwijs	Stress-bestendig	Zelfeffec-tiviteit	Aanpas-singsver-mogen
Talent	Pearson Correlation	1	,540**	,482**	,529**	,124**	,335**	,308**	,431**	,567**	,474**
	Sig. (2-tailed)		0,000	0,000	0,000	,000	0,000	0,000	0,000	0,000	0,000
Wilskracht	Pearson Correlation	,540**	1	,414**	,677**	,210**	,346**	,275**	,335**	,455**	,414**
	Sig. (2-tailed)	0,000		0,000	0,000	0,000	0,000	0,000	0,000	0,000	0,000
Zelf-beheersing	Pearson Correlation	,482**	,414**	1	,440**	,081*	,339**	,206**	,410**	,477**	,411**
	Sig. (2-tailed)	0,000	0,000		0,000	,013	0,000	0,000	0,000	0,000	0,000
Intrinsieke motivatie	Pearson Correlation	,529**	,677**	,440**	1	,097**	,389**	,248**	,342**	,491**	,461**
	Sig. (2-tailed)	0,000	0,000	0,000		,003	0,000	0,000	0,000	0,000	0,000
Extrinsieke motivatie	Pearson Correlation	,124**	,210**	,081*	,097**	1	,110**	,146**	,072*	,049	,120**
	Sig. (2-tailed)	,000	0,000	,013	,003		,001	0,000	,028	,137	,000
Optimisme	Pearson Correlation	,335**	,346**	,339**	,389**	,110**	1	,403**	,442**	,349**	,479**
	Sig. (2-tailed)	0,000	0,000	0,000	0,000	,001		0,000	0,000	0,000	0,000
Eigen-waarde	Pearson Correlation	,308**	,275**	,206**	,248**	,146**	,403**	1	,445**	,265**	,280**
	Sig. (2-tailed)	0,000	0,000	0,000	0,000	0,000	0,000		0,000	0,000	0,000
Stress-bestendig	Pearson Correlation	,431**	,335**	,410**	,342**	,072*	,442**	,445**	1	,536**	,449**
	Sig. (2-tailed)	0,000	0,000	0,000	0,000	,028	0,000	0,000		0,000	0,000
Zelf-effectiviteit	Pearson Correlation	,567**	,455**	,477**	,491**	,049	,349**	,265**	,536**	1	,581**
	Sig. (2-tailed)	0,000	0,000	0,000	0,000	,137	0,000	0,000	0,000		0,000
Aanpas-singsver-mogen	Pearson Correlation	,474**	,414**	,411**	,461**	,120**	,479**	,280**	,449**	,581**	1
	Sig. (2-tailed)	0,000	0,000	0,000	0,000	,000	0,000	0,000	0,000	0,000	
Zelf-vertrouwen	Pearson Correlation	,497**	,392**	,355**	,351**	,187**	,394**	,499**	,588**	,484**	,469**
	Sig. (2-tailed)	0,000	0,000	0,000	0,000	0,000	0,000	0,000	0,000	0,000	0,000
Intelligen-tie	Pearson Correlation	,559**	,369**	,386**	,390**	,104**	,264**	,243**	,374**	,444**	,407**
	Sig. (2-tailed)	0,000	0,000	0,000	0,000	,002	0,000	0,000	0,000	0,000	0,000
Vitaliteit	Pearson Correlation	,454**	,483**	,324**	,517**	,106**	,464**	,339**	,459**	,442**	,471**
	Sig. (2-tailed)	0,000	0,000	0,000	0,000	,001	0,000	0,000	0,000	0,000	0,000
Toewijding	Pearson Correlation	,396**	,512**	,321**	,582**	,029	,390**	,224**	,345**	,409**	,396**
	Sig. (2-tailed)	0,000	0,000	0,000	0,000	,373	0,000	0,000	0,000	0,000	0,000
Absorptie-vermogen	Pearson Correlation	,428**	,466**	,376**	,529**	,085**	,277**	,211**	,309**	,427**	,398**
	Sig. (2-tailed)	0,000	0,000	0,000	0,000	,010	0,000	0,000	0,000	0,000	0,000
Fit met rol	Pearson Correlation	,533**	,405**	,446**	,470**	,066*	,321**	,240**	,395**	,544**	,496**
	Sig. (2-tailed)	0,000	0,000	0,000	0,000	,044	0,000	0,000	0,000	0,000	0,000
Fit met cultuur	Pearson Correlation	,377**	,321**	,305**	,388**	,074*	,342**	,181**	,276**	,391**	,446**
	Sig. (2-tailed)	0,000	0,000	0,000	0,000	,023	0,000	0,000	0,000	0,000	0,000
Fit met stijl leiding-geven	Pearson Correlation	,275**	,242**	,245**	,290**	,095**	,277**	,180**	,257**	,358**	,375**
	Sig. (2-tailed)	0,000	0,000	0,000	0,000	,004	0,000	0,000	0,000	0,000	0,000
Fysieke taakeisen	Pearson Correlation	,380**	,318**	,297**	,358**	,121**	,305**	,262**	,380**	,387**	,361**
	Sig. (2-tailed)	0,000	0,000	0,000	0,000	,000	0,000	0,000	0,000	0,000	0,000
Mentale taakeisen	Pearson Correlation	,553**	,428**	,450**	,456**	,100**	,386**	,335**	,527**	,565**	,533**
	Sig. (2-tailed)	0,000	0,000	0,000	0,000	,002	0,000	0,000	0,000	0,000	0,000
Persoon-lijke prestaties	Pearson Correlation	,520**	,474**	,437**	,493**	,121**	,350**	,268**	,384**	,587**	,524**
	Sig. (2-tailed)	0,000	0,000	0,000	0,000	,000	0,000	0,000	0,000	0,000	0,000
Snelheid prestaties	Pearson Correlation	,478**	,442**	,376**	,453**	,179**	,318**	,279**	,387**	,532**	,497**
	Sig. (2-tailed)	0,000	0,000	0,000	0,000	0,000	0,000	0,000	0,000	0,000	0,000
Bijdrage team-prestaties	Pearson Correlation	,553**	,464**	,439**	,562**	,058	,424**	,244**	,429**	,611**	,594**
	Sig. (2-tailed)	0,000	0,000	0,000	0,000	,077	0,000	0,000	0,000	0,000	0,000

* Correlation is significant at the 0.05 level (2-tailed)   ** Correlation is significant at the 0.01 level (2-tailed)

TABEL 1. **CORRELATIEMATRIX**

Zelfver-trouwen	Intelli-gentie	Vitaliteit	Toewij-ding	Absorptie	Fit met rol	Fit met cultuur	Fit met leiding-gevende	Fysieke taakeisen	Mentale taakeisen	Persoon-lijke pres-taties	Snelheid presta-ties	Team-prestatie
,497**	,559**	,454**	,396**	,428**	,533**	,377**	,275**	,380**	,553**	,520**	,478**	,553**
0,000	0,000	0,000	0,000	0,000	0,000	0,000	0,000	0,000	0,000	0,000	0,000	0,000
,392**	,369**	,483**	,512**	,466**	,405**	,321**	,242**	,318**	,428**	,474**	,442**	,464**
0,000	0,000	0,000	0,000	0,000	0,000	0,000	0,000	0,000	0,000	0,000	0,000	0,000
,355**	,386**	,324**	,321**	,376**	,446**	,305**	,245**	,297**	,450**	,437**	,376**	,439**
0,000	0,000	0,000	0,000	0,000	0,000	0,000	0,000	0,000	0,000	0,000	0,000	0,000
,351**	,390**	,517**	,582**	,529**	,470**	,388**	,290**	,358**	,456**	,493**	,453**	,562**
0,000	0,000	0,000	0,000	0,000	0,000	0,000	0,000	0,000	0,000	0,000	0,000	0,000
,187**	,104**	,106**	,029	,085**	,066*	,074*	,095**	,121**	,100**	,121**	,179**	,058
0,000	,002	,001	,373	,010	,044	,023	,004	,000	,002	,000	0,000	,077
,394**	,264**	,464**	,390**	,277**	,321**	,342**	,277**	,305**	,386**	,350**	,318**	,424**
0,000	0,000	0,000	0,000	0,000	0,000	0,000	0,000	0,000	0,000	0,000	0,000	0,000
,499**	,243**	,339**	,224**	,211**	,240**	,181**	,180**	,262**	,335**	,268**	,279**	,244**
0,000	0,000	0,000	0,000	0,000	0,000	0,000	0,000	0,000	0,000	0,000	0,000	0,000
,588**	,374**	,459**	,345**	,309**	,395**	,276**	,257**	,380**	,527**	,384**	,387**	,429**
0,000	0,000	0,000	0,000	0,000	0,000	0,000	0,000	0,000	0,000	0,000	0,000	0,000
,484**	,444**	,442**	,409**	,427**	,544**	,391**	,358**	,387**	,565**	,587**	,532**	,611**
0,000	0,000	0,000	0,000	0,000	0,000	0,000	0,000	0,000	0,000	0,000	0,000	0,000
,469**	,407**	,471**	,396**	,398**	,496**	,446**	,375**	,361**	,533**	,524**	,497**	,594**
0,000	0,000	0,000	0,000	0,000	0,000	0,000	0,000	0,000	0,000	0,000	0,000	0,000
1	,431**	,403**	,324**	,343**	,409**	,277**	,262**	,351**	,516**	,408**	,434**	,412**
	0,000	0,000	0,000	0,000	0,000	0,000	0,000	0,000	0,000	0,000	0,000	0,000
,431**	1	,385**	,281**	,345**	,394**	,273**	,178**	,328**	,502**	,428**	,440**	,412**
0,000		0,000	0,000	0,000	0,000	0,000	0,000	0,000	0,000	0,000	0,000	0,000
,403**	,385**	1	,502**	,422**	,416**	,338**	,259**	,472**	,471**	,449**	,465**	,483**
0,000	0,000		0,000	0,000	0,000	0,000	0,000	0,000	0,000	0,000	0,000	0,000
,324**	,281**	,502**	1	,503**	,407**	,459**	,311**	,311**	,374**	,396**	,369**	,517**
0,000	0,000	0,000		0,000	0,000	0,000	0,000	0,000	0,000	0,000	0,000	0,000
,343**	,345**	,422**	,503**	1	,453**	,325**	,236**	,303**	,406**	,413**	,416**	,441**
0,000	0,000	0,000	0,000		0,000	0,000	0,000	0,000	0,000	0,000	0,000	0,000
,409**	,394**	,416**	,407**	,453**	1	,518**	,385**	,397**	,527**	,502**	,471**	,561**
0,000	0,000	0,000	0,000	0,000		0,000	0,000	0,000	0,000	0,000	0,000	0,000
,277**	,273**	,338**	,459**	,325**	,518**	1	,564**	,300**	,361**	,376**	,348**	,466**
0,000	0,000	0,000	0,000	0,000	0,000		0,000	0,000	0,000	0,000	0,000	0,000
,262**	,178**	,259**	,311**	,236**	,385**	,564**	1	,285**	,348**	,366**	,312**	,363**
0,000	0,000	0,000	0,000	0,000	0,000	0,000		0,000	0,000	0,000	0,000	0,000
,351**	,328**	,472**	,311**	,303**	,397**	,300**	,285**	1	,552**	,408**	,399**	,409**
0,000	0,000	0,000	0,000	0,000	0,000	0,000	0,000		0,000	0,000	0,000	0,000
,516**	,502**	,471**	,374**	,406**	,527**	,361**	,348**	,552**	1	,575**	,544**	,556**
0,000	0,000	0,000	0,000	0,000	0,000	0,000	0,000	0,000		0,000	0,000	0,000
,408**	,428**	,449**	,396**	,413**	,502**	,376**	,366**	,408**	,575**	1	,711**	,583**
0,000	0,000	0,000	0,000	0,000	0,000	0,000	0,000	0,000	0,000		0,000	0,000
,434**	,440**	,465**	,369**	,416**	,471**	,348**	,312**	,399**	,544**	,711**	1	,559**
0,000	0,000	0,000	0,000	0,000	0,000	0,000	0,000	0,000	0,000	0,000		0,000
,412**	,412**	,483**	,517**	,441**	,561**	,466**	,363**	,409**	,556**	,583**	,559**	1
0,000	0,000	0,000	0,000	0,000	0,000	0,000	0,000	0,000	0,000	0,000	0,000	

Bijlage IV – Correlatiematrix factoren

		Talent	Persoons-kenmer-ken	Bevlo-genheid	Organi-satiefit	Taakeisen	Prestaties
Talent	Pearson Correlation	1	,688**	,529**	,368**	,533**	,601**
	Sig. (2-tailed)		0	0	0	0	0
	N	1122	930	1122	1122	1122	1122
Per-soons-kenmer-ken	Pearson Correlation	,688**	1	,681**	,512**	,646**	,769**
	Sig. (2-tailed)	0		0	0	0	0
	N	1122	1122	1122	1122	1122	1122
Bevlo-genheid	Pearson Correlation	,529**	,681**	1	,447**	,548**	,632**
	Sig. (2-tailed)	0	0		0	0	0
	N	1122	930	1122	1122	1122	1122
Organi-satiefit	Pearson Correlation	,368**	,512**	,447**	1	,416**	,488**
	Sig. (2-tailed)	0	0	0		0	0
	N	1122	930	1122	1122	1122	1122
Taakei-sen	Pearson Correlation	,533**	,646**	,548**	,416**	1	,638**
	Sig. (2-tailed)	0	0	0	0		0
	N	1122	930	1122	1122	1122	1122
Presta-ties	Pearson Correlation	,601**	,769**	,632**	,488**	,638**	1
	Sig. (2-tailed)	0	0	0	0	0	
	N	1122	930	1122	1122	1122	1122

* Correlation is significant at the 0.05 level (2-tailed)
** Correlation is significant at the 0.01 level (2-tailed)

TABEL 2. **CORRELATIEMATRIX FACTOREN**

Bijlage V – Regressieanalyse

Model		Unstandardized coefficients		Standardized coefficients	t	Sig.
		B	Std. Error	Beta		
1	(Constant)	-0,05	0,108		-0,466	0,641
	Wilskracht	0,037	0,024	0,046	1,582	0,114
	Zelfbeheersing	0,027	0,022	0,029	1,192	0,234
	Intrinsieke motivatie	0,072	0,025	0,089	2,917	0,004
	Extrinsieke motivatie	0,031	0,019	0,034	1,652	0,099
	Optimisme	0,013	0,021	0,016	0,632	0,528
	Eigenwaarde	-0,013	0,021	-0,015	-0,612	0,541
	Stressbestendig	-0,017	0,023	-0,021	-0,742	0,458
	Zelfeffectiviteit	0,165	0,024	0,198	6,83	0
	Aanpassingsvermogen	0,13	0,022	0,161	5,795	0
	Zelfvertrouwen	0,008	0,022	0,01	0,376	0,707
	Intelligentie	0,052	0,022	0,06	2,404	0,016
	Vitaliteit	0,043	0,023	0,05	1,884	0,06
	Toewijding	0,048	0,023	0,056	2,063	0,039
	Absorptievermogen	0,026	0,018	0,035	1,402	0,161
	Fit met cultuur	0,022	0,024	0,025	0,896	0,371
	Fit met stijl leidinggevende	0,027	0,021	0,031	1,286	0,199
	Fysieke taakeisen	0,041	0,024	0,041	1,696	0,09
	Mentale taakeisen	0,144	0,028	0,153	5,157	0
	Talent	0,05	0,03	0,049	1,679	0,094

TABEL 3. **REGRESSIEANALYSE**

Bijlage VI – Uitkomsten onderzoek naar gebruik selectiecriteria

Onder ruim vijftig CEO's van grote en beursgenoteerde ondernemingen

1. Talent
2. Intrinsieke motivatie
3. Intelligentie
4. Fit met organisatiecultuur
5. Zelfvertrouwen
6. Toewijding
7. Wilskracht
8. Ambitie
9. Stressbestendigheid
10. Zelfeffectiviteit
11. Vitaliteit
12. Aanpassingsvermogen
13. Absorptievermogen
14. Fit met functie
15. Optimisme

Bijlage VII – Uitkomsten onderzoek naar pad-analyse en fit onderzoeksmodel (Structural Equation Modelling)

Minimum was achieved

Chi-square = 35.006

Degrees of freedom = 2

Probability level = .000

			Estimate	SE	CR	P	Label
Persoons-kenmerken	◀	Talent	.663	.021	30.866	***	par_1
Organisatiefit	◀	Talent	.001	.046	.021	.983	par_4
Organisatiefit	◀	Persoonskenmerken	.487	.049	9.884	***	par_10
Bevlogenheid	◀	Persoonskenmerken	.669	.028	24.104	***	par_2
Bevlogenheid	◀	Organisatiefit	.076	.022	3.435	***	par_8
Taakeisen	◀	Organisatiefit	.083	.022	3.678	***	par_3
Taakeisen	◀	Persoonskenmerken	.677	.035	19.155	***	par_9
Taakeisen	◀	Bevlogenheid	.077	.031	2.493	.013	par_11
Prestaties	◀	Bevlogenheid	.130	.023	5.574	***	par_5
Prestaties	◀	Taakeisen	.177	.023	7.639	***	par_6
Prestaties	◀	Talent	.080	.026	3.103	.002	par_7
Prestaties	◀	Persoonskenmerken	.504	.037	13.497	***	par_12
Prestaties	◀	Organisatiefit	.072	.017	4.237	***	par_13

TABEL 4. **RESEARCH MODEL ANALYSIS - PAD-ANALYSE (AMOS)**

Talent is goed, karakter is beter!

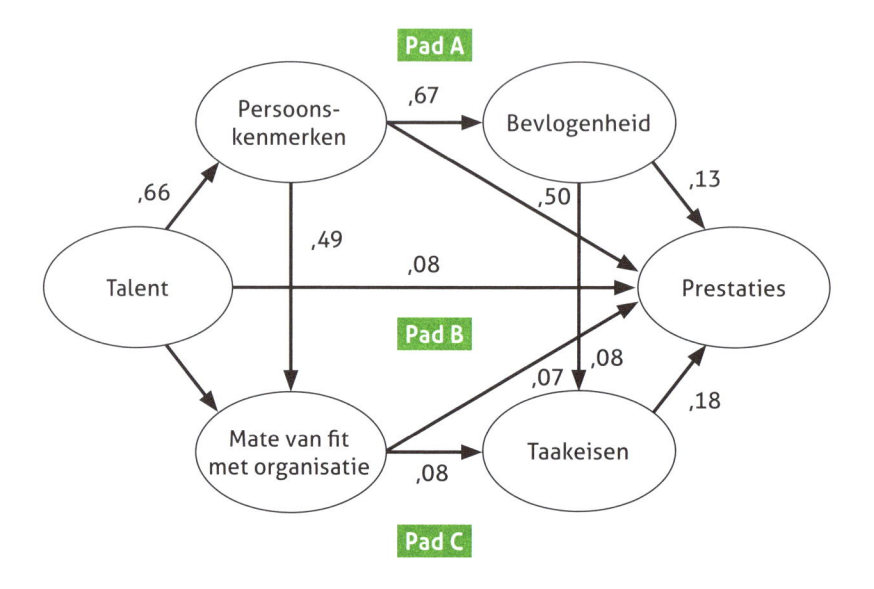

```
                    Pad A
                      ,67
      Persoons-  ─────────────→  Bevlogenheid
      kenmerken                       │
         ↑ ↓ ↘                        │ ,13
   ,66 /   ,49  ,50                   ↓
      /    ,08  ──────────────→  Prestaties
  Talent                              ↑
      \         Pad B            ,08 │
       \                     ,07     │ ,18
        ↘                    ↓       │
      Mate van fit  ──────→ Taakeisen
      met organisatie  ,08
                    Pad C
```

FIGUUR 14. **PAD-ANALYSE ONDERZOEKSMODEL 'TALENT IS GOED, KARAKTER IS BETER'**

Bijlage VIII – Research Model Analysis - model-fitanalyse (AMOS)

Baseline Comparisons

Model	NFI	RFI	IFI	TLI	CFI
	Delta1	rho1	Delta2	rho2	
Default model	.989	.885	.990	.891	.990
Saturated model	1.000		1.000		1.000
Independence model	.000	.000	.000	.000	.000

Parsimony-Adjusted Measures

Model	PRATIO	PNFI	PCFI
Default model	.095	.094	.094
Saturated model	.000	.000	.000
Independence model	1.000	.000	.000

NCP

Model	NCP	LO 90	HI 90
Default model	33.006	17.396	56.043
Saturated model	.000	.000	.000
Independence model	3166.100	2984.268	3355.226

FMIN

Model	FMIN	F0	LO 90	HI 90
Default model	.031	.029	.016	.050
Saturated model	.000	.000	.000	.000
Independence model	2.843	2.824	2.662	2.993

RMSEA				
Model	PRATIO	PNFI	PCFI	
Default model	.121	.088	.158	.000
Independence model	.367	.356	.378	.000

TABEL 5. **RESEARCH MODEL ANALYSIS - MODEL FIT ANALYSE (AMOS)**

Bijlage IX – Begrippen en definities

Aanpassingsvermogen: De veranderbereidheid en het vermogen om zich aan te passen aan een veranderde omgeving, werkwijzen, werktijden, taken, verantwoordelijkheden en gedragingen van anderen.

Absorptievermogen: Op een plezierige wijze helemaal opgaan in het werk, er als het ware mee versmelten waardoor de tijd stil lijkt te staan en het moeilijk is om er zich los van te maken.

Bevlogenheid: Een positieve, affectief-cognitieve toestand van opperste voldoening die gekenmerkt wordt door vitaliteit, toewijding en absorptie.

Duurzame prestaties leveren: het in staat blijken om steeds opnieuw persoonlijke en teamdoelstellingen te behalen.

Eigenwaarde: Beeld dat een mens op emotioneel niveau van zichzelf heeft, zonder daarbij redelijk of logisch te zijn.

Extrinsieke motivatie: De werkmotivatie die ontstaat vanuit een externe bron, bijvoorbeeld het vooruitzicht op een beloning of een straf bij een bepaalde handeling vanwege het bieden van een bepaalde levensstandaard het door de baan in staat stellen een hoop geld te verdienen en het doen van het werk voor het salaris.

Fysieke taakeisen: De aspecten van het werk die voortdurend fysieke inspanning vereisen, en die daardoor samengaan met bepaalde fysiologische en/of psychologische kosten.

Intelligentie: Verstandelijke begaafdheid, het vermogen om kennis en ervaring toe te passen bij het oplossen van problemen.

Intrinsieke motivatie: De motivatie om te werken die vanuit de persoon zelf komt vanwege het erg kunnen genieten van het werk, het hebben van plezier in het uitoefenen daarvan en het momenteel absoluut verkrijgen van momenten van plezier uit het werk.

Mentale taakeisen: De aspecten van het werk die voortdurend psychologische (cognitieve en emotionele) inspanning vereisen, en die daardoor samengaan met bepaalde fysiologische en/of psychologische kosten.

Optimisme: Het hebben van een positieve levenshouding en het geloven in een goede afloop.

Organisatiecultuur: De verzameling van normen, waarden en gedragsuitingen die gedeeld worden door de leden van de organisatie en de leden aan elkaar en aan de organisatie bindt.

Stressbestendigheid: Effectief kunnen blijven presteren onder tijdsdruk, bij tegenslag of teleurstelling.

Talent: De natuurlijke begaafdheid en aangeboren aanleg om in zijn of haar vak uit te blinken.

Toewijding: Een sterke betrokkenheid bij het werk; het werk wordt als nuttig en zinvol ervaren, is inspirerend en uitdagend, en roept gevoelens van trots en enthousiasme op.

Veranderbereidheid: Een positieve gedragsintentie van een medewerker ten aanzien van de invoering van veranderingen in de structuur, cultuur of werkwijze van een organisatie of afdeling, resulterend in een inspanning van de kant van de medewerker om het veranderproces te ondersteunen dan wel te versnellen.

Vitaliteit: Bruisen van energie, zich sterk en fit voelen, lang en onvermoeibaar met werken door kunnen gaan en beschikken over grote mentale veerkracht en dito doorzettingsvermogen.

Wilskracht: De wil om vol te houden en de (beschikbare) capaciteit om jezelf te kunnen beheersen.

Zelfbeheersing: Het vermogen om je impulsen en opwellingen in bedwang te houden. Iets nu laten omdat het niet strookt met dat wat je op lange termijn wilt.

Zelfeffectiviteit: De ingeschatte vaardigheid voor het verrichten van een bepaalde taak en het vertrouwen in de eigen bekwaamheid om deze met succes te volbrengen. Verschilt van zelfvertrouwen in zoverre dat zelfvertrouwen het vertrouwen in het zelf betreft en zelfeffectiviteit de ingeschatte vaardigheid voor het verrichten van een bepaalde taak betreft.

Zelfvertrouwen: Het geloof dat iemand zijn omgeving succesvol kan controleren en beïnvloeden.

Noten

1. Verenigdestaten.info.
2. Lewis, 2011.
3. Lewis, 2011.
4. Lewin, 1951.
5. Ericsson, 1996.
6. Van der Kaaden en Poll, 2016.
7. Rammeloo, 2016.
8. UvA, 2008.
9. Gallup, 2013.
10. Schwartz, 2016.
11. Knegtmans, 2016.
12. UvA, 2008.
13. UvA, 2008.
14. Schmidt en Hunter, 1998.
15. UvA, 2008.
16. Zie voor verdere, gedetailleerde onderbouwing en methodologie van het onderzoek de bijlagen bij dit boek.
17. Meijers, 2016.
18. Colvin, 2010; Syed, 2011.
19. Colvin, 2010.
20. Ericsson, 2016.
21. Kodden, 2011.
22. Bron: *de Volkskrant*, 25 juli 2012.
23. Sengupta, Abdel-Hamid en Van Wassenhove, 2008.
24. Bandura, 1977.
25. Schmidt en Hunter, 1998.
26. O.a. Macnamara, et al., 2016.
27. De Rek, 2012.
28. De Rek, 2012.
29. Colvin, 2010; Syed, 2011.
30. Gagné, 2010.
31. Pink, 2010.
32. Deci en Ryan, 1985.
33. Ryan en Deci, 2000.
34. Deci en Ryan, 2000.
35. Csikszentmihalyi, 1975, 1990.
36. UvA, 2008.
37. Baumeister en Tierney, 2012.
38. Pink, 2010.
39. Aguirre en Alpern, 2014.
40. Cozijnsen en Vrakking, 2013.

41. Hammer, 1996; Kotter, 1995; Beer en Nohria, 2000; Burnes, 2004.
42. Knegtmans, 2016.
43. Knegtmans, 2016.
44. Knegtmans, 2016.
45. Hammer, 1996; Kotter, 1995; Beer en Nohria, 2000; Burnes, 2004.
46. Martin en Schmidt, 2010.
47. Knegtmans, 2016.
48. *Het Financieele Dagblad*, 21 maart 2017.
49. Cozijnsen en Vrakking, 2013
50. O.a. Strauss, Griffin en Parker, 2015.
51. Knegtmans, 2016.
52. Grant, 2016.
53. Cohen en Feigenbaum, 2014.
54. *Harvard Business Review*, juni 2006.
55. Bandura, 1977.
56. Bandura, 1977; Collins, 2001; Colvin, 2010.
57. Colvin, 2010.
58. Colvin, 2010.
59. Van Rhenen, 2008; Bakker, 2009, 2010; Kodden, 2011.
60. Bakker, 2009.
61. Bakker, 2009.
62. Schaufeli en Bakker, 2001; Bakker, 2010.
63. Bakker, 2001.
64. Bakker en Schaufeli, 2008.
65. Bakker, 2009.
66. Judge, et al., 2004.
67. Xanthoupoulou, et al., 2008.
68. Westman, et al., 2011.
69. Kodden, 2011.
70. Gallup, 2013.
71. Pink, 2010.
72. O.a. Schaufeli en Bakker, 2007.
73. Ryan en Frederick, 1997.
74. Schaufeli en Bakker, 2007.
75. Van Vuuren, 2012.
76. Collins, 2009.
77. *Nature Review*, 2008.
78. Seidell, 2012.
79. *Harvard Business Review*, 2012.
80. CBS, 2015.
81. Van Rhenen, 2008.
82. *Psychology Today*
83. Bijvoorbeeld: Taris, 2003; Kristof-Brown, 2005; Cameron en Quinn, 2011.
84. Kristof-Brown, 1996.
85. Taris, 2003.
86. Kristof-Brown, et al., 2005.
87. Kristof-Brown, et al., 2005.
88. Kristof-Brown, et al., 2005.
89. Cameron en Quinn, 2011.
90. Cameron en Quinn, 2011.

91. Porter, 1980; Barney, 1991; Cameron en Quinn, 2011.
92. Cameron en Quinn, 2011.
93. Cameron en Quinn, 2011.
94. Taris, 2003.
95. Kristof-Brown, et al., 2005.
96. Cameron en Quinn, 2011.
97. Cameron en Quinn, 2011.
98. Braun en Kramer, 2015.
99. Braun en Kramer, 2015.
100. Kerr, 2013.
101. Kerr, 2013.
102. Masicampo, 2011.
103. Baumeister en Tierney, 2011.
104. Schmidt en Hunter, 1998.
105. UvA, 2008
106. Op basis van de Algemene Zelfeffectiviteitsschaal (General Self-Efficacy Scale, Schwarzer, 1994).
107. Op basis van de Change Capacity Scan (Cozijnsen, 2013).
108. Op basis van UBES 15 – De Utrechtse Bevlogenheid Schaal.
109. Rijksoverheid, Compendium voor de Leefomgeving.
110. www.allesovermarktonderzoek.nl

Inspiratiebronnen

Aguirre, D., & Alpern, M. (2014). 10 belangrijkste uitgangspunten voor verandermanagement. *Management Executive*, september/oktober, nummer 5, 12-13.

Ankersen, R. (2012). *The Gold Mine Effect. Crack the secrets of high performance.* Londen: Icon Books.

Bakker, A.B. (2009). Bevlogenheid in organisaties: Een model om bevlogenheid te bevorderen. *Tijdschrift voor Opleiding & Ontwikkeling*, 11, 15-19.

Baumeister, R., & Tierney, J. (2012). *Wilskracht - De herontdekking van de grootste kracht van de mens.* Amsterdam: Uitgeverij Nieuwezijds.

Bandura, A. (1977). Self-efficacy: Toward a Unifying Theory of Behavioral Change. *Psychological Review, 84*(2), 191-215.

Beer, M., & Nohria, N. (2000). Cracking the code of change. *Harvard Business Review, 78*(2), 133-141.

Boswell, J. (1791). *The Life of Samuel Johnson. The Librarian of Alexandria.* Londen/New York: Penguin Classics.

Braun, D., & Kramer, J. (2015). *De corporate tribe. Organisatielessen uit de antropologie.* Deventer: Vakmedianet.

Bregman, R. (2016). Weg met controle. Leve de intrinsiek gemotiveerde mens. *De Correspondent*, 18 oktober 2016. Geraadpleegd op: www.decorrespondent.nl

Buckingham, M., & Clifton, D.O. (2006). *Ontdek je sterke punten.* Utrecht: Het Spectrum.

Burnes, B. (2004). *Managing Change* (4e editie). Harlow: Financial Times/Prentice Hall.

Byron, T. (2014). *Niets is wat het lijkt.* Utrecht: Uitgeverij Het Spectrum.

Cameron, K.S., & Quinn, R.E. (2011). *Onderzoeken en veranderen van organisatiecultuur* (3e herziene editie). Den Haag: Academic Service.

CBS (2015). Een op de zeven werknemers heeft burn-outklachten. https://www.cbs.nl/nl-nl/nieuws/2015/47/cbs-en-tno-een-op-de-zeven-werknemers-heeft-burn-outklachten

Childress, J.R., & Senn, L.E. (1995). *In the Eye of the Storm*. Los Angeles, CA: Leadership Press.

Cohen, P.R., & Feigenbaum, E.A. (2014). *The Handbook of Artificial Intelligence*. Stanford, CA: HeurisTech Press/Los Altos, CA: William Kaufmann, Inc.

Collins, J. (2001). *Good to Great. Why some companies make the leap ... and others don't*. New York, NY: HarperCollins Publishers.

Collins, J. (2009). *Waarom sommige bedrijven een sprong vooruit maken ... en andere niet*. Amsterdam: Business Contact.

Colvin, G. (2010). *Talent is overrated*. New York, NY: Penguin Group.

Cozijnsen, A.J., & Vrakking, W.J. (2013). *Basisboek Veranderkunde,* Deventer: Kluwer.

Crwys-Williams, J. (2011). *Nelson Mandela - citaten*. Houten: Het Spectrum.

Csikszentmihalyi, M. (1975). *Beyond Boredom and Anxiety*. San Francisco, CA: Jossey-Bass Publishers.

Csikszentmihalyi, M. (2007). *Flow. Psychologie van de optimale ervaring*. Amsterdam: Boom.

Csikszentmihalyi, M., & LeFevre, J. (1989). Optimal experience in work and leisure. *Journal of Personality and Social Psychology, 56*(5), 815-822.

Deci, E.L., & Ryan, R.M. (1985). *Intrinsic motivation and self-determination in human behavior*. New York, NY: Plenum.

Deci, E.L., & Ryan, R.M. (2000). The 'what' and 'why' of goal pursuits: Human needs and the self-determination of behavior. *Psychological Inquiry, 11*(4), 227-268.

DeVoe, S., & Pfeffer, J. (2011). Time Is Tight: How Higher Economic Value of Time Increases Feelings of Time Pressure. *Journal of Applied Psychology,* July, *96*(4), 665-76. doi: 10.1037/a0022148

Diehl, P.J., & Stoffelsen, J.M. (2007). *Vitaliteit en arbeid in 100 vragen*. Alphen aan den Rijn: Kluwer.

Ehrhart, K.H., & Ziegert, J.C. (2005). Why are individuals attracted to organizations? *Journal of Management, 31*(6), 901-919.

Ericsson, K.A. (ed.) (1996). *The Road to Excellence: The Acquisition of Expert Performance in the Arts and Sciences, Sports and Games.* Mahwah, NJ: Lawrence Erlbaum Associates Publishers.

Ericsson, K.A. (ed.) (2014). *The Road to Excellence: The Acquisition of Expert Performance in the Arts and Sciences, Sports, and Games.* New York, NY: Psychology Press.

Ericsson, K.A. (2016). *Peak: Secrets from the New Science of Expertise.* Boston, MA: Houghton Mifflin Harcourt.

Evans, D. (2012). *Risk Intelligence. How to live with uncertainty.* Florence, MA: Free Press.

Feser, C. (2011). *Serial Innovators. Firms That Change The World.* Hoboken, NJ: John Wiley & Sons.

Friedman, W.J. (2011). *The Zeigarnik Effect and Completing Everything.* http://www.willjoelfriedman.com/listArticles.html

Gagné, M., & Deci, E.L. (2005). Self-determination theory and work motivation. *Journal of Organizational Behavior, 26*(4), 331-362.

Gagné, M., Forest, J., Vansteenkiste, M., Crevier-Braud, L., Van den Broeck, A., Aspeli, A.K., et al. (2010). *Validation evidence in ten languages for the Revised Motivation at Work Scale.* Montreal: Concordia University.

Gallup (2013). Worldwide, 13% of Employees Are Engaged at Work. http://www.gallup.com/poll/165269/worldwide-employees-engaged-work.aspx

Gladwell, M. (2005). *Blink: The Power of Thinking Without Thinking.* New York, NY: Little, Brown and Company.

Gladwell, M. (2009). *Outliers: The Story of Success.* New York, NY: Little, Brown and Company.

Grant, A. (2013). *Give & Take: Why Helping Others Drives Our Success.* New York, NY: Penguin Books.

Grant, A. (2016). *Originals: How Non-conformists Move the World,* New York, NY: Viking.

Grimberg, M. (2012). *Van talent naar high performer.* Geraadpleegd op: http://vds.nl/blog/van-talent-naar-high-performer/

Hammer, M. (1996). *Beyond Reengineering: How the Proces-Centered Organization is Changing Our Lives.* New York, NY: Harper Business.

Het Financieele Dagblad (2017). Hoger onderwijs moet radicaal hervormen. 20 maart 2017. https://fd.nl/economie-politiek/1192934/hoger-onderwijs-moet-radicaal-hervormen

Howe, M.J.A., Davidson, J.W., & Sloboda, J.A. (1998). Innate Talents: Reality Or Myth? *Behavorial and Brain Sciences, 21*(3).

Ibrahimovic, Z., & Lagercrantz, D. (2015). *Ik, Zlatan.* Amsterdam: Rubinstein Audio.

Jungmann, B. (2016). Volhouder die wars is van adoratie. *de Volkskrant,* 23 mei 2016.

Kaaden, A.M. van der, & Poll, M. (2016). Leuk zo'n prijs, maar wat heb je eraan? Aanmoedigingsprijzen beloven een mooie carrière, maar pas op want zelfoverschatting ligt op de loer. Hoe gaat het met talenten vijf jaar later? *NRC Handelsblad,* 6 februari 2016. Geraadpleegd op: http://www.nrc.nl/handelsblad/2016/02/06/leuk-zon-prijs-maar-wat-heb-je-eraan-1585613

Kerr, J. (2013). *Legacy. What the All Blacks can teach us about the business of life.* Londen: Constable & Robinson Ltd.

Knegtmans, R. (2016). *Agile Talent. Negen cruciale stappen bij de selectie van het toptalent van morgen.* Amsterdam: Business Contact.

Kodden, S.F.G.P. (2011). *Dedication. A study to analyse the effects of organizational design on employee engagement and knowledge productivity within Dutch legal service firms.* Breukelen: Nyenrode University Press.

Kodden, S.F.G.P. (2016). *Word een HELD. Meer bevlogenheid in je leven en in je organisatie* (3e druk). Utrecht: BigBusinessPublishers.

Kotter, J.P. (1995). Leading Change: Why transformation efforts fail. *Harvard Business Review, 73*(2), 59-67.

Kristof, A.L. (1996). Person-organization fit: An integrative review of its conceptualizations, measurement and implications. *Personnel Psychology, 49*(1), March, 1-49.

Kristof-Brown, A.L., Jansen, K.J., & Colbert, A.E. (2002). A policy-capturing study of the simultaneous effects of fit with jobs, groups and organizations. *Journal of Applied Psychology, 87*(5), 985-993.

Lewin, K. (1951). *Field theory in social science; selected theoretical papers* (ed. D. Cartwright). New York, NY: Harper & Row.

Lewis, M. (2011). *Moneyball. The Art of Winning an Unfair Game.* New York, NY: Writers House.

Loflin, J. (2014). *Improving Your Productivity: The Zeigarnik Effect.* Geraadpleegd op: http://www.jonesloflin.com/jonesloflinblog/improving-your-productivity-the-Zeigarnik-effect/9222014

Mackenbach, J. (2010). *Ziekte in Nederland. Gezondheid tussen politiek en biologie.* Amsterdam: Elsevier Gezondheidszorg.

Macnamara, B., Moreau, D., & Hambrick, D.Z. (2016). The Relationship Between Deliberate Practice and Performance in Sports. A Meta-Analysis. *Perspectives on Psychological Science, 11*(3), 333-350.

Martin, J., & Schmidt, C. (2010). How to Keep Your Top Talent. *Harvard Business Review*, May, Number 5.

Masicampo, E.J., & Baumeister, R.F. (2011). Consider It Done! Plan Making Can Eliminate the Cognitive Effects of Unfulfilled Goals. *Journal of Personality and Social Psychology, 101*(4), October, 667-683. Advance online publication. doi: 10.1037/a0024192

Maslow, A.H. (1943). A Theory of Human Motivation. *Psychological Review, 50*(4), 370-396. Geraadpleegd op: psychclassics.yorku.ca

McGraw, K.O., & Fiala, J. (1982). Undermining the Zeigarnik Effect. *Journal of Personality, 50*(1), 58-65.

Meijers, J. (2016). Talent? Vooral hard blijven doorwerken. Geraadpleegd op: https://fd.nl/morgen/1153168/talent-vooral-hard-blijven-doorwerken

Peters, T. (1982). *In Search of Excellence: Lessons from America's Best-Run Companies.* New York, NY: Harper Collins.

Pink, D. (2010). *Drive. De verrassende waarheid wat ons motiveert.* Amsterdam: Business Contact.

Rachman, S. (1989). *Fear and Courage.* New York, NY: W.H. Freeman.

Rammeloo, E. (2016). Chinezen azen op plekje aan Amerikaanse universiteit. *De Tijd*, 9 juni. Geraadpleegd op: www.detijd.be

Rek, W. de (2012). Train uw wilskracht. *de Volkskrant,* 12 mei. Geraadpleegd op: http://www.volkskrant.nl/archief/-train-uw-wilskracht~a3254500/

Rhenen, W. van (2008). *From stress to engagement* (proefschrift Universiteit van Amsterdam). Geraadpleegd op: http://dare.uva.nl/document/107037

Ryan, R.M., & Deci, E.L. (2000). Self-determination theory and the facilitation of intrinsic motivation, social development, and well-being. *American Psychologist*, 55(1), 68-78.

Ryan, R.M., & Deci, E.L. (2000). Intrinsic and Extrinsic Motivations: Classic Definitions and New Directions. *Contemporary Educational Psychology 25*, 54-67. doi:10.1006/ceps.1999.1020

Ryan, R.M., & Frederick, C. (1997). On Energy, Personality, and Health: Subjective Vitality as a Dynamic Reflection of Well-Being. *Journal of Personality, 65*(3), 529-565.

Schaufeli, W.B., & Taris, T.W. (2005). The conceptualization and measurement of burnout: Common ground and worlds apart. *Work & Stress, 19*(3), 256-262.

Schaufeli, W.B., & Bakker, A.B. (2007). Burnout en bevlogenheid. In: W.B. Schaufeli & A.B. Bakker (red.), *De psychologie van arbeid en gezondheid* (pp. 341-358). Houten: Bohn Stafleu van Loghum,

Schmidt, F., & Hunter, J. (1998). The validity and utility of selection methods in personnel psychology: Practical and Theoretical Implications of 85 years of research findings. *Psychological Bulletin, 124*(2), 262-274.

Schwarz, T. (2012). *The Magic of Doing One Thing at a Time.* Geraadpleegd op: http://blogs.hbr.org/2012/03/the-magic-of-doing-one-thing-a/

Schwarz, B. (2016). *Waarom we werken.* Amsterdam: Amsterdam University Press.

Seidell, J. (2012). Sporten maakt je slim? In uitzending: https://www.bnr.nl/radio/10178252/sporten-maakt-je-slim?disableUserNav=true

Sengupta, K., Abdel-Hamid, T.K., & Van Wassenhove, L.N. (2008). The Experience Trap. *Harvard Business Review, 86*(2), February, 94-101.

Sinek, S. (2009). *Start with Why.* New York: Penguin Books Ltd.

Storm, K., & Rothmann, S. (2003). A psychometric analysis of the Utrecht Work Engagement Scale in the South African police service. *SA Journal of Industrial Psychology 29*(4), 62-70.

Strauss, K., Griffin, M.A., & Parker, S.K. (2015). Building and Sustaining Proactive Behaviors: The Role of Adaptivity and Job Satisfaction. *Journal of Business and Psychology, 30*(1), March, 63-72.

Strobbe, L., Regenmortel, H. van, & Bossuyt, T. (2010). *Klanksporen: Breinvriendelijk musiceren.* (De Veerman Bibliotheek). Antwerpen: Garant.

Strijk, J.E., Proper, K.I., Beek, A.J. van der, & Mechelen, W. van (2009). The Vital@ Work Study. The systematic development of a lifestyle intervention to improve older workers' vitality and the design of a randomised controlled trial evaluating this intervention. *BMC Public Health, 9*(1), 408.

Syed, M. (2011). *Bounce: The Myth of Talent and the Power of Practice.* Londen: Fourth Estate.

Taris, R. (2003). *Person-Environment Fit. A longitudinal study of the interaction between employee characteristics and work environmental characteristics.* Ridderkerk: Ridderprint Offsetdrukkerij.

Tiggelaar, B. (2010). *Dromen, durven, doen.* Houten: Uitgeverij Spectrum.

UvA (2008). *Personeelsselectie in tijden van krapte. Aanbevelingen voor selectie van personeel in tijden van krapte* (Onderzoek door UvA en Randstad). Diemen: Yacht.

Vergouw, G. (2014). *Bondscoach! Coaching Handboek voor 16 miljoen Nederlanders.* Gouda: VI Boeken.

Vuuren, T. van (2011). *Je hoeft niet ziek te zijn om beter te worden* (oratie). Heerlen: Open Universiteit Heerlen.

Walsh, B. (2010). *The Score Takes Care Of Itself: My Philosophy on Leadership.* New York: Portfolio.

Wolf, L. de (2012). *Help! Mijn batterijen lopen leeg - Een burn-out krijg je niet alleen, kies voor je talent.* Tielt (B): Lannoo Campus.

World Economic Forum (2016). *The Future of Jobs.* Geraadpleegd op: https://www.weforum.org/reports/the-future-of-jobs

Xanthopoulou, D., Bakker, A.B., Heuven, E., Demerouti, E., & Schaufeli, W.B. (2008a). Working in the sky: A diary study among flight attendants. *Journal of Occupational Health Psychology, 13*(4), 345-356.

Xanthopoulou, D., Bakker, A.B., Demerouti, E., & Schaufeli, W.B. (2008b). How job and personal resources influence work engagement and financial returns: A diary study in a Greek fast-food company. *Journal of Occupational and Organizational Psychology, 82*(1), 183-200.

Zeigarnik, B. (1927). Das Behalten erledigter und unerledigter Handlungen. *Psychologische Forschung, 9,* 1-85.

Dankwoord

'The greatest part of a writer's time is spent in reading. In order to write; a man will turn over half a library to make one book', aldus Samuel Johnson. Bijzondere dank aan alle auteurs en collega's die mij inspireerden dit boek te schrijven.

Christel, Sep en Tom. Ik kon zelden stoppen. Ik kon het boek niet loslaten, het moest af. Sinds 2014 ging er geen dag voorbij dat ik niet aan het boek dacht. Dank voor jullie geduld. Ik houd van jullie!

Dank aan alle deelnemers aan dit onderzoek, jullie maakten het mogelijk om deze studie te kunnen voltooien. Dank aan mijn uitgever Vakmedianet voor het vertrouwen en de begeleiding. Bijzondere dank aan Gerri Reimert zonder wie dit boek niet tot stand was gekomen. Schrijven doe je niet alleen wordt weleens gezegd. In dit geval mag dit letterlijk worden genomen.

Dank verder aan iedereen die een rol heeft gespeeld bij het afronden van het boek, mijn eigen Zeigarnik-effect. Ik kan het eindelijk loslaten.

'1x winnen ...
is niet goed genoeg!'

Bas Kodden

Over de auteur

Bas Kodden is schrijver, spreker en onderzoeker op het gebied van leiderschap, ondernemerschap en persoonlijke ontwikkeling. Het onderwerp bevlogenheid in het bijzonder.

- www.baskodden.nl
- @BasKodden
- @SebastiaanKodden
- @SebastiaanKodden
- bas@kodden.net
- 030-2611061